ゼロからでも、誰でも、何歳からでも大丈夫！

人生を変える！スペイン語講座

プロスペイン語講師
えみこ 著

Clover
クローバー出版

はじめに

愛されるスペイン語で、思い通りの人生を創る

はじめまして、ペルー在住、スペイン語コーチをしております、えみこと申します。

突然ですが、「外国語が話せるようになったらいいな」と思ったことはありませんか？

「南米を自由に旅行してみたい」とか、「スペイン旅行中にバーで出会う現地の人とおしゃべりを楽しみたい」「観光ガイドになって、日本に来る海外の人に地元の美味しいお店を紹介したい」と思ったことはありませんか？

私はこれまで、わずか3年間で日本全国・海外18ヵ国に住む400名以上を指

導してきました。その中で、実際にこのような声をたくさん伺いました。

本書は、スペイン語の文法解説書ではありません。外国語を話せるようになりたいアナタへお届けする、語学のひみつ攻略本です。驚異的な成果を挙げ続ける「えみこメソッド」を、受講生19名のリアルな体験談とともにわかりやすく解説しています。

よって、スペイン語について何も知らなくても問題ありません。耳慣れない言葉が出てくるかもしれませんが、気にせず読み進めてもらって大丈夫です。最後まで読んでいただければ、必ず何かを掴めることでしょう。

きっと読み終わる頃には、スペイン語の世界へ足を踏み入れたい！　という気持ちになっていると思います。そんなアナタのために、特別に「3ヵ月学習プラン」を作成しました。本書でしか手に入らない完全オリジナル版です。えみこ流、ちょっと変わった学習法の一部をお楽しみください。

スペイン語がペラペラになるメリットは、スペインや中南米旅行を満喫できたり、イケメンラテン彼氏をゲットできたりするだけではありません。経済発展が著しい南米は、ビジネスチャンスに溢れており、その可能性は無限大です。スペイン語は、アナタらしく生きるための選択肢を増やしてくれることでしょう。

パソコン一つあればどこでも好きな国に住めたり、ビジネスを立ち上げて世界中を飛び回ったりする人生は、アナタが手を伸ばせば、届く範囲にあります。

ワクワクしますよね？

でも、実際にはアナタ自身が一番、そうなることを信じていないと感じませんか？「そんな夢みたいな話……」と諦めていませんか？

「こうなれたらいいな、でも、どうせ無理だろうな。英語も話せないし」

これが本音ではないでしょうか。

実は私自身も、ずっとそう思っていました。

地方出身であり、まわりには外国人はおろか、英語を話せる人などいなかったからです。〝英語は、ほんの一部の帰国子女の人たちが話せるもの〟と思い込んでいました。私にとっては、遠い遠いテレビの世界の話でした。

そんな私に、転機は突然訪れます。

有給休暇を取得し、友達とオーストラリアのケアンズに行ったことが、私の人生を大きく変えることになります。

熱帯雨林の町キュランダを散策したときや、グレートバリアリーフでダイビングをしたときにも、たくさんの日本人の若者が働いているではありませんか！

聞いてみると、ワーキングホリデービザという30歳以下の若者だけが取得できる特別なビザがあるというのです。1年間という期限つきですが、学校に通ったり働いたりできるという夢のような制度の存在を、その時初めて知りました。

「簡単に取れるから、来ればいいよ！　楽しいよ」

なんとも、軽いお誘いです（笑）。

同年代の子たちが、こんなにキラキラ輝いて、自然溢れるきれいな国で自由に生活しているなんて！　驚きと同時に羨《うらや》ましいと感じました。

旅行最終日、空港に向かうバスの中、「名残惜しいねー。もっといたかったね」という友人の声を聞きながら、「必ずここに帰ってくる」と予感がしたことを覚えています。

ちょうどその頃、勤務歴5年を迎えようとしていました。とてもお世話になった会社でしたが、その先に自分のキャリアを思い描けるような状況ではありませんでした。数少ない管理職の女性を見ても、正直憧れをいだけていなかった私は、帰国後、すぐに上司に退職の意向を伝えました。

半年後に退職し、一人でオーストラリアへ飛び立ちました！

そこからはバラ色の生活がスタート！

となればよかったのですが……。

英語が話せない私は、まずは4ヵ月間語学学校に通うことにしました。

初日の授業では、何をすればいいのかわからず、そのうえ「何をすればいいですか？」と聞くことさえもできずに、パニックになって大号泣しました。なんとも恥ずかしい思い出です。

なんとかしなくちゃ！　焦った私は、翌日から毎朝5時に起きて図書館で猛勉強することにしました。授業の後も勉強です。オススメしてもらった文法書を1ヵ月で仕上げた頃には、授業中に先生が説明していることは理解できるようになりましたが、間違えるのが怖くて、なかなか話せませんでした。

クラスメイトの国籍は、中国、タイ、モロッコ、サウジアラビア、フランス、メキシコやブラジルなど。国際色豊かで、とてもにぎやかなクラスでした。

今考えれば、ラッキーすぎる最高の環境なのですが、英語がほとんど話せなかった当時の私にとっては戸惑いとストレスだらけでした。

会話がかみ合わないことは日常茶飯事。会話練習では、まったく話せない子とペアになることもあれば、すごい勢いでマシンガントークをする子とペアになったりして、毎日が戦場のようでした。

特に中東の学生が多い学校だったのですが、彼らは間違いを気にせず問答無用で喋り続けます。こっちが話していてもお構いなし。先生に指名され、私が質問に答えているのに、平気で横取りしていきます。

「誰かが話しているときは黙って聞きなさい」と教えられて育った私は、「なんて失礼な人たちなんだろう」と怒りを通り越して、呆れることも多かったです。

抗議をしたくても、何か言いたいことがあっても、考えているうちに言えなくなってしまう、悔しい思いをする日々が続いていました。

そんなとき、日本人男性と結婚したジョディ先生から、

「えみこの英語はとてもきれいよ。大丈夫、間違ってないから、自信を持って、話しなさい」

というアドバイスをもらいました。日本の文化を理解できるジョディは、もどかしかったのでしょうね。何かと気にかけてくれていました。
「〝私が話しているときは黙りなさい！〟って言ってやればいいのよ」
と背中を押してくれました。

その時、
そうか！　ここは日本ではないんだ。
と、妙に腑に落ちたことを覚えています。
当たり前のことですが、日本の学校のルールや正義は、ここでは通用しません。イヤなことは嫌だと主張することが求められているのだと気づきました。

この一件のおかげで、自信がなくても間違っているんじゃないかと不安になっても、止まらずに話し続けることに注力するようになりました。

英語を話すことだけでなく、世界中の人たちとコミュニケーションをとることに、少しずつ慣れていったのは、この時の先生の言葉のおかげです。

英語は25歳から、スペイン語は28歳から学び始めました。

スペイン語は英語と違い、基礎知識がまったくない状態からのスタートでしたので、違う苦労がありました。詳しくはChapter1でお話しします。

世の中には、「文法なんて必要ない！」と言って適当に単語を並べる人もいますが、これでは大切なスペイン語圏のお友達と良い関係性を築いていくことはできません。

かといって、従来の杓子定規な文法講義や、暗記メインの学習法ではたどり着けないことを、たくさんの人が気づいているはずです。みんなが行っている学習法で、本当に話せるようになるのであれば、今頃日本人の9割は英語がペラペラになっているはずです。そうではないということは、やり方が間違っているのです。これはまぎれもない事実です。

文字通りバックパッカーとして世界中を旅して、ゼロから英語とスペイン語を習得した私だからこそ、自信を持って言える言葉があります。

「スペイン語は必ず話せるようになります」

外国語は限られた一部の人たちのためのものではなく、誰でも、何歳からでも習得できるのです。

本書では、「ゼロからスペイン語が話せるようになる方法」と「巷《ちまた》に溢れる語学学習の非常識」をわかりやすくお伝えしていきます。

Chapter1では、スペイン語は必ず話せるようになると言える理由を、私の経験をふまえてお話しします。

Chapter2では、世間に蔓延《はびこ》るスペイン語学習の7大勘違いについてお伝えします。

Chapter3では、伝わるスペイン語を話す方法を、3つのステップを追ってお話しします。

Chapter4では、愛されるスペイン語話者になるための「7つのルール」をまとめました。

Chapter5では、スペイン語ができると広がる未来をお見せします。

大切なのは、語学を学ぶときの考え方です。

コミュニケーションをとるための手段であるはずのスペイン語は、アナタの大切な思いを、大切な相手に届けるためのものです。

どんなレベルであっても、相手目線に立った話し方をすることで、

・出会いに恵まれる
・仕事のチャンスに恵まれる
・異性・同性問わず、モテる
・大切な友達ができる
・安心できる居場所ができる

という状況になれます。

想像してみてください。

仲良しのスペイン語圏のお友達と、カフェで3時間おしゃべりをすることができるのです。

これまで得てきた知識や経験とスペイン語を組み合わせることで、転職や起業することもできるかもしれません。

困っている誰かを助けることもできるようになります。

出会いの数は4倍になり、人生を10倍楽しく、自由に生きることができるようになります。

実際にたくさんの人たちが、新しいスペイン語学習法を手に入れ、確実に上達しながら、望む人生を生き始めています。

大丈夫！　アナタはこれまで正しい方法を知らなかっただけなのです。従来の方法では、英語はおろか、スペイン語力が伸びなくて当たり前なのです。

幼い頃の夢を叶えてみませんか？

contents

Chapter 2 スペイン語学習の7大勘違い

Chapter 3 伝わるスペイン語を話す3ステップ

contents

Chapter 5

スペイン語は自己セラピー

おわりに

巻末付録

ゼロからスタート
3カ月で世界に一つだけの
自己紹介を作ろう！

Prologue

語学は武器になる「スペイン語で最高の人生をつくる」

Tus sueños no tienen fecha de vencimiento, sigue adelante.

まずは、スペイン語について少しご説明しますね。

スペイン語を第一言語とする人は世界に約5億人いると言われており、この数字は、中国語に次いで第2位、英語を第一言語とする人の数よりも多いと言われています。スペイン語を公用語としている国と地域の数は21以上あり、世界で英語（約62の国・地域）、フランス語（約50の国・地域）、アラビア語（約26の国・地域）に次ぐ4番目に多くの国で使用されている言語です。

南米大陸に限ってお話しすると、ブラジルを除くすべての国ではスペイン語が公用語です。南米には多くの鉱山があることや、メキシコには500社を超える日系企業が進出していることから、スペイン語は将来性のある言語であると言えると思っています。

ラテン系の人たちの陽気な性格、各国の食文化、サッカー、フラメンコやサルサを始めとする踊りの文化、私の住むペルーにある世界遺産のマチュピチュやナスカの地上絵など、例を挙げればキリがないほど、魅力いっぱいのスペイン語圏の国々。日本人なら、誰でも一度は行ってみたいと思うのではないでしょうか。
私が、〝スペイン語で人生が変わる〟と断言できる理由をご説明するために、私自身の経験をお話しします。

冒頭でもお話しした、オーストラリア生活が半年を過ぎた頃には、楽しく生活できるようになっていました。
ワーキングホリデーの期限は1年間です。すっかり海外生活を満喫していた私は、そのままニュージーランドのワーキングホリデービザを取得し、ニュージーランドに移動しました。そこでは、バックパッカーとよばれる安宿で住み込みのバイトをしながら半年間暮らしました。

ふと、英語のブラッシュアップがしたくなった私は、韓国人の友人が多く通っていたフィリピンのセブ島へ2ヵ月間の英語留学をすることに決めました。この決断が、私の人生を思いもよらない方向へ導いていくことになります。
セブ島は日本人にも人気の観光地ですが、その裏側では、とても治安が悪いことをご存じでしょうか。ある日、仲良くなった先生が、自宅に招待してくださいました。案内された場所は、トイレもない、屋根もない、とても質素なお家。オーストラリアとニュージーランドに住み、世界を知ったような気になって思い上がっていた私は愕然としました。知らない世界はまだまだある、もっといろんな国を見てみたい、そう思い、世界一周バックパッカーになることを決めました。

タイから始めて、東南アジアを回り、トルコからヨーロッパに入りました。英語が話せるので、ほとんど困ることはありませんでした。真剣に勉強して本当に良かったと思う瞬間です。

1ヵ月間滞在したスペインから、南米行きのチケットを探していた時、たまたま一番安かったペルー行きを購入しました。これもまた、運命です。まさか、ペルーに恋をして、3年間住むことになるなど、予想もしていませんでした。なぜならば、私はずっとブラジルに行きたかったからです。オーストラリアで出会ったたくさんのブラジル人が大好きで、彼らの国に行きたいと思っていたからです。

たまたま選んだペルーでしたが、今思えば大正解でした。治安があまり良くないうえに、スペイン語が共通語である南米大陸を自由に旅行し満喫するためには、スペイン語の習得は必須です。ペルーのスペイン語は標準的で、学ぶにはもってこいの環境でした。

ペルー南部のアレキパという町で、1ヵ月間旅行者用のスペイン語コースを受講することに決めました。

その時の先生は、今の私の親友であるアンヘラという女性でした。彼女は、家族のイベントに誘ってくれたり、パーティーに連れて行ってくれたり、サルサの踊り方も教えてくれました。おかげで私は、その辺りのペルー人女子よりも上手に踊ることができます。

コロンビア、エクアドル、ボリビアやチリを旅行しながら、いつもアレキパに戻っていたのも、彼女が迎えてくれていたからです。そして、地元の中学校で日本語を教える仕事を見つけてくれたのも彼女でした。そこでまた、図らずも、この学校のかわいい生徒たちが、容赦なくスペイン語で話しかけてくれたおかげで、私のスペイン語は急激に上達していきました。

アレキパの生活が2年を過ぎた頃、そろそろ貯金も底をつきかけていたため、帰国のチケットを買ったその翌日、とある大手日本企業の採用情報を目にしました。即座に応募し、即日採用決定！　私はペルーに残れることになりました。

ビザの手続きなどもあり、一度は帰国したものの、数ヵ月後にはペルーに戻り、首都リマでの生活が始まりました。一等地にあるきれいなオフィスでの仕事。何もわからないなりに、一生懸命がんばろうと思っていましたが、そこは、日本以上の日本社会。無給の休日出勤や残業は日常茶飯事で、日本本社との会議は時差のため朝6時や夜の10時からスタートすることもありました。さらに、スペイン語ができない日本人上司は、うまくコミュニケーションがとれないことでいつもイライラしていました。時々、オフィスの中で怒鳴ることもありました。それに対して、ペルー人のローカルスタッフは、日本人だけで会議を行い、重要なことを決定していくことが気に入らないといつも私に愚痴を言っていました。日本人上司とローカルスタッフの間に挟まれて、ストレスがたまり、ついに私は職場鬱《うつ》になってしまいました。オフィスにいるだけで、めまいと吐き気が止まらない状態になり、自主退職することになりました。

帰国してからは、自分は役立たずの負け犬のような気分でした。家から出ず、誰にも会いませんでした。ペルーに戻りたいわけじゃないけど、日本にもいたくない。求人サイトを眺めながら、どこにも自分の居場所がないような気がして、引きこもっていました。

運よく、地元にある大学の国際部で、英語通訳兼学生の英語学習相談という仕事が見つかり、ブラックな気分を引きずりながら、勤務をスタートしました。これがまた引き寄せです。そこで出会ったアメリカ人講師のおかげで、英語学習の研究について詳しく知ることができました。アメリカにある大学が発表している論文についても教えてもらい、第二言語習得の分野でたくさんの研究が行われていることと、効果的な学習法は常にアップデートされていることを知りました。

そして、私が本来の自分らしさを取り戻すことができたのは、たくさんの学生たちのおかげです。彼らはいつも真剣に英語を学ぼうとしていて、私も自分の経験を話しながら、英語が話せるようになるコツを伝え続けました。アドバイスした学生が、実際にカナダ留学へ旅立ち、英語力をアップさせて帰国の報告に来てくれた時は泣きそうになるほど嬉しかったです。

自分を社会不適合のダメ人間だと思っていたけど、誰かの役に立てるんだ。そう思えたことが私に再びチカラを与えてくれました。

ちょうどその頃、ふらっと立ち寄った本屋さんでスペイン語の参考書を読んでみました。真っ二つに破り捨てそうになったほど、その内容に愕然としたことを今も覚えています。

誰が、いつそんな例文を使うの？　この説明で誰が理解できるの？　そう疑問を持ち、私はひっそりと、スペイン語文法を日本語で説明するYouTubeを始めました。たくさんのペルー人が、私にリアルなスペイン語を教えてくれました。私のつたないスペイン語を我慢強く聞いてくれました。あの人たちからもらったものを、必要としている人に届けたいと思ったのです。

〝きっと誰かの役に立つ〟。そう信じて、再生回数が上がらないまま、毎日毎日動画をアップし続けていきました。

「すごい引き寄せ力ですね」と言われることがありますが、私自身が肝だと考えているのは、語学力です。高い英語力とスペイン語力がなければ、とんとん拍子に世界各国で仕事が決まることはなかったでしょうし、今大好きなペルーで大切なペルー人パートナーと暮らすこともできなかったはずです。
ハーフでも帰国子女でもない、普通の環境で育った私の強力な武器となってくれたのは、間違いなくスペイン語でした。

この武器を身につけられるかどうかで、あなたの人生が大きく変わります。アナタの夢が叶うだけでなく、思いもよらなかったオマケまでついてきます。

「えみこさんはペルーにいたから上達したんでしょ」という声が聞こえてきそうですが、受講生の半数以上は、日本在住です。初心者・経験者問わず20代から70代まで幅広い年齢層の人々が結果を出しています。
私の教え方は、再現性が高いことが特徴です。単なる文法暗記や正解を教える方法ではなく、文法を使いこなし成果を出すことにフォーカスしたコーチングです。その証拠に日本在住でありながらDELEスペイン語検定のスピーキングパートで満点を獲得する受講生が続出しています。

本書では、自分自身の人生だけでなく、まわりの人にも影響を与えた受講生たちの事例もふまえながら、効率的な学習法、日本人が陥りやすい間違い、スペイン語圏の人と話す時の注意点や、語学習得の基盤となる考え方についてお伝えしていきます。

ぜひ、高いスペイン語力という武器を手にして、今まで想像もしなかった人間関係、成功、幸運を手に入れてください。

Chapter 1

スペイン語は必ず話せるようになる

Si lo puedes soñar,
lo puedes hacer

私らしく生きたい

思い返せば、学生時代から「自分らしく生きたい」という思いが強かったように思います。みんなと同じが嫌で、同じ制服を着ることに対しても違和感を持っていました。

今思えば、とても迷惑な生徒ですが、ピアスをしたり、マニキュアを塗って学校に行ったりしていました。先生から注意されるたびに、理由を聞くと「校則で禁止されているからダメ」と言われるだけでした。私は真面目に勉強していて成績も悪くなかったので、なぜ、爪がピンク色であるだけで叱られなくてはいけないのか、なぜみんな同じでなければいけないのか、ずっと疑問に思っていました。

とはいえ、〝私らしい生き方〟というのは何なのかが明確にあったわけではありません。今考えれば、好きなように生きていたかっただけなのですが、この疑問は就職した後も、持ち続けることになります。

冒頭でもお話しした通り、当時勤めていた会社は、キャリアを積めるような環境ではありませんでした。このまま何十年も同じ仕事をするんだと思うと、いたたまれない気持ちになりました。数少ない管理職の女性は、ピリピリした雰囲気を醸し出していましたし、育児休暇明けの先輩は給料が下がったと抗議をしていました。なんとかして、女性の管理職の割合を上げようとする会社側の思惑に対して白羽の矢が立った女性社員は戸惑いを隠せず、そんなことは望んでいないように見えました。

「管理職になりたいならなればいいし、なりたくないなら、ならなくていいのでは？」

と疑問を持ったまま、悶々と仕事をこなしていました。

そんな私の葛藤とは裏腹に、友人たちのほとんどは20代前半で結婚し、出産を経験していました。自分だけ取り残されたような気持ちになっていたことをよく覚えています。

こういった虚無感が、仕事を辞めて、オーストラリアへ移住するという大冒険への原動力になったことは間違いありません。1年が経過しても、どうしても帰国する気になれず、世界一周バックパッカーに転向しようと決めた時も同じ気持ちでした。日本に帰ってもやりたいことがあるわけでもないし、たった一人で知らない場所を旅する不安よりも、また会社員生活に戻ることの絶望感が勝っていたのです。

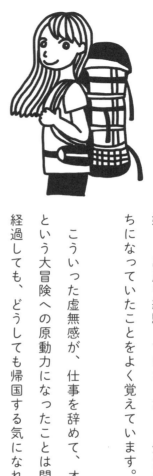

恋をしたアレキパ

記念すべき南米大陸1ヵ国目は、ペルー。首都リマに着いたのは、南半球の冬にあたる7月でした。リマは南米大陸の中で、唯一海沿いにある首都です。「南米・海沿い」と聞くと、ハワイのようなトロピカルな雰囲気と白い砂浜をイメージしませんか?

残念ながら、実際には、リマの冬は8℃まで気温が下がるうえに、冬の間はずっと薄暗く曇っていて、海も空もグレーです。予約した1泊500円朝食つきの安宿はセントロ地区（旧市街）にあり、治安はあまり良くありません。加えて、英語が通じないのです。南米の共通語は英語ではなく、スペイン語です。驚くことに、ペルーのタクシーはメーターがついておらず、値段は完全交渉制です。今でこそ、Uberなどのタクシー配車アプリがありますが、当時は行先や道案内もすべて、スペイン語で伝えなくてはなりませんでした。

南米生活1日目から、落ち着かない雰囲気に少し恐怖を覚えた私は、スペイン語を勉強することを決めました。とはいえ、リマは好きになれない、もっと気候の良い場所で生活したいと思った私は、滞在先の宿で働く女性スタッフに聞いてみました。その時オススメしてくれたのが、彼女の出身地であるアレキパという町でした。


写真を見て、一目で気に入り、その日のうちに夜行バスで17時間かけて移動しました。

ペルー第二の都市アレキパは、白い火山岩で造られた歴史的建造物が並ぶことから、〝白い町〟と呼ばれています。首都のリマよりも、時間がおだやかに流れており、とても安全な印象を持ちました。晴天率が高く、水色の空と白い建物のコントラストが美しい町です。おまけに、ペルーを代表する美食の町であり、何を食べても安くて美味しいことが長期滞在の決め手になりました。

運良く旅行者用のスペイン語スクールも見つかり、意気揚々と参加した初日のレッスンで事件は起きました。

何もわからない!!

オーストラリアで初めて英語の授業を受けた時と、まったく同じ気持ちでした。

いえ、それ以上です。なぜなら、ペンという単語さえ知らないのですから。

まったく英語が話せないという人でも、ペンやアップルという単語くらいは知っていると思います。でも、スペイン語では、ペンはペンではありません。ペンは、ペルーのスペイン語では、lapicero（ラピセロ）と言います。全然違いますよね。

英語の授業では、所々聞き取れる単語はあったのですが、スペイン語はチンプンカンプンプン。完全に頭の中が真っ白になり、またしても号泣する結果に終わりました。

今にしてみれば笑い話ですが、簡単な単語がわからないストレスは尋常ではありません。私はこの経験が、ちょっとしたトラウマになってしまいました。

言い訳ばかりのダメ生徒時代

レッスンはマンツーマン指導だったのですが、同じスクールでレッスンを受けていた人たちは、ほとんどがヨーロピアンでした。休み時間に英語で会話をしてみると、彼らの言語は、スペイン語と作りがよく似ているため、そんなに難しいものではないと言っていました。

どう考えても日本人である自分には不利だ！　という大義名分を得た私は、覚えることだらけで途方に暮れていたこともあり、真面目に勉強することを半分諦めてしまいました。

南米の人が英語を話せばいいのよ、なんで私がスペイン語をゼロから勉強しないといけないの⁉

覚えないといけないことが膨大にありすぎて、やり場のない戸惑いを隠せずに、現実逃避をしていました。

今、目の前に過去の私が現れたら、「言い訳せずに、やりなさい」と喝を入れますが、当時は、甘ったれのダメ生徒だったので、正論を振りかざして勉強を放棄していました。

導いてくれる恩師との出会い

3カ月が経った頃、先生が交代することになりました。

これが、私の恩師、ジャネットとの出会いです。

ジャネットは当時コーディネーターとしても働いていた、経験のある先生で、教え方も上手です。そして何より、厳しい。

「いいよ、いいよ、難しいわよね。えみこは日本人だものね」

と甘やかしてくれていた他の先生たちとは違います。


前日の復習をしていないことに気づいた彼女は、私にその場でノートを書かせました。

ノートにまとめ終わるまで、レッスンはしないというのです。私はここで初めて、自分の怠慢を恥じました。なんとも情けない。偉そうに言うばかりで、簡単な単語さえ覚えていなかったことに、自ら気づいたのです。

その一件から私は、レッスンの後、毎日3時間勉強するようにしました。オーストラリアでも、毎朝5時に起きて、図書館で勉強していたことを思い出し、懐かしく感じました。そう、英語だって初めは話せなかったんだから、そのうちできるようになる。そう信じることができました。一つでも成功体験を持っていると、強いですね。

町で出会う人にも積極的に話しかけました。

「今、何時ですか？」

「このバスは○○に行きますか？」

「いくらですか？」

など、基本的な会話を何度も何度も繰り返しました。ちょっと仲良くなった店員さんに誕生日を聞いて回ったこともあります。

ありがたいことにアレキパの人たちはとても親切なので、たくさんいろんな話をしてくれます。バスで隣になった人と、目的地まで30分間片言ながらに会話をするということも、珍しくありませんでした。


「どこから来たの？」

「何をしているの？」

「ペルー料理は好き？」

「兄弟はいるの？」

「彼氏はいるの？」


など、プライベートなことをズバズバ聞いてくるため、会話が途切れないのです。

そんな努力を知ってか知らずか、ジャネット先生はとても熱心に、指導してくれました。わかりやすいシチュエーションと一緒に教えてくれるため、使う場面が鮮明にイメージできました。そのうえ、私の理解度を見ながら進めてくれていたのでしょう。知識だけを詰め込むことはありませんでした。そして、何よりも私に考えるチカラをつけてくれたことが大きかったですね。すぐに答えを教えず、本質的な考え方を明確に説明してくれることで、私は自分で文を組み立てるということが当たり前にできるようになりました。

その数年後、とある大手スクールに通った時に、担任の先生に褒められたことがあります。

「初めに教わった先生が良かったのね、基礎がしっかりしているわ」と。

甘やかすわけでもなく、正解だけを教えるわけでもない、先を見越したジャネット流の指導方法は、今の私の活動の軸になっています。

ゼロからでも必ず話せるようになる

もちろん、スペイン語で日常会話ができるようになるまでには、いろんな苦労がありました。まったくわからないスペイン語をスペイン語で説明されても意味がわからなかったですし、英語とも概念が違うため、理解できないことも多かったです。

何度も同じことを間違ったり、なかなか覚えられなかったりしたこともしょっちゅうありました。店員さんから「君のスペイン語は意味がわからない」と言われたこともありました。伝わらなくて悔しかったり、理解できなくてパニックになったり、情けなくて涙を流したことは一度や二度ではありません。

それでも、目の前のことから逃げず、コツコツ積み上げていきました。その時に強く思っていたことは一つです。
「お世話になった人たちに、自分の言葉で感謝の気持ちを伝えたい」

ジャネット先生はもちろん、私にはもう一人、親友と呼べるペルー人の友人がいます。私の一番初めのスペイン語の先生、アンヘラです。スペイン語がまったくできない時から、家族ぐるみで仲良くしてくれた彼女には、いつも感謝しています。

私は、南米のディスコで踊ることが大好きですが、これも実は彼女のおかげなんですよ。サルサの踊り方や、ディスコで気をつけること、男性に誘われた時の対応の仕方など、学校で教えてくれないことをたくさん教えてくれました。踊れるのと踊れないのとでは、南米の生活の楽しさは格段に違ってくるので、ぜひ、みなさんも挑戦してみてくださいね。

彼女がいなければ、私はアレキパに2年間も住むことはなかった

でしょう。伝えたいことがたくさんあって、もっともっと彼女の話を理解したかったから、私は挑戦を続けました。思いを伝えたい人がいることは、語学を学ぶ原動力になりますね。

当時住んでいたホステルで働いていた人たちは、私がスペイン語を理解できなくても、会話が成立しなくても、毎日たくさん話しかけてくれていました。少しでも、私がスペイン語で何かを話すと大きな笑顔とハグで褒めてくれていました。

「みんなと、いつか必ずスペイン語でいろんな話をするんだ！」とニヤニヤ妄想しながら勉強していました。

言葉を学ぶ醍醐味《だいごみ》は、まさにこういうことだと思いませんか？

誰かと交流することができないならば、言語を学ぶ意味はないと私は思います。でも、こうやって、全然違う国の人に思いを伝えることができるから、どんなに大変でもやめられないのだと思います。

私はスペイン語の魅力にハマったと同時に、スペイン語を話すペルー人に魅了されていたんですね。

このように地元の人に見守られながら、私は着々とスペイン語力をつけていきました。表現が非常にナチュラルだと言われる理由は、ここにあります。

私のスペイン語力は、私が一人で得たものではありません。アレキパのたくさんの人たちが教えてくれた、いわば贈り物です。

YouTubeでみなさんとシェアしている文法知識やお役立ち表現について、「こんな有料級の内容を、無料で出していいんですか!?」とコメントをいただくことがあります。でも、そもそも私のものではないですし、いただいたものなんですよね。これらを独り占めしているのは、ただのケチだと思います。みなさんのお役に立てることができれば光栄ですし、アレキパの人たちへの恩返しにもつながるんじゃないかと考えています。

私にしかできない仕事

話は遡《さかのぼ》りますが、日本の大学で働いていた時のことです。実際にアドバイスした学生の英語が上達する様子を見ていたら、私の経験を活かした私だからできることが、あるんじゃないのかな、と思えるようになってきました。

そう思うと猛烈にペルーに帰りたくなってきました。志半ばで退職することになってしまったけど、やり残したことがある気がする、何かできることがある気がする……そんな思いに駆られるようになりました。

コミュニケーションがとれずに困っている企業の現状を、なんとか違う形でサポートしたいという思いがあったのです。

私にしかできないこと、それは、スペイン語レッスンの提供です。覚悟を決め、おそるおそるYouTubeで「レッスンの告知」をしてみました。

動画を作ったものの、公開する時に手が震えたことを今でも覚えています。

・誰も申し込んでくれないんじゃないか。
・馬鹿にされるんじゃないか。
・アンチコメントがたくさんきたらどうしよう。

そんな恐怖でいっぱいで、なかなか公開することができませんでした。

実際には、すぐに、南米に住む一人の駐在員の方が申し込んでくださいました。単身で住んでいる30代の男性でした。

レッスンスタートから3ヵ月が過ぎた頃、突然ご自身のことをお話ししてくださったことをよく覚えています。

娘が生まれて、家も買って、3人で幸せに暮らそうと思っていた時の突然の辞令にとても戸惑ったこと。

家族と離れて、地球の裏側に一人で暮らす孤独。

英語が話せない現地のスタッフとはコミュニケーションがまったくとれず、文化が違う南米生活への戸惑い。

追い打ちをかけるように始まったローカルの先生とのレッスンでは、何を言っているのかわからず、トラウマ状態になってしまったそうです。

日本にある本社からは、結果を出すことを求められているのに、スタッフに指示を出すどころか、実際には軽い世間話を交わすことさえままならない状態だったそうです。スペイン語を勉強しないといけないのはわかっているけど、やる気になれないご自身を2年間責め続けていたそうです。

それでも、2年という時間の経過とともに、少しずつ慣れてきて、仕事に少し余裕も出てきた頃、たまたま私のレッスン生募集告知をご覧になったそうです。

英語もできる彼は、【言語はその言語で学ぶべき】と思い込んでいたけれど、日本語のほうがもしかしたら効率が良いのかな？　と半信半疑で私に連絡をくれました。

講座で行ったことは、基礎の立て直しです。日本語での文法解説と、例文作成課題の添削をしながら、勘違いを修正していったことで、ぐんぐん上達していきました。

文法は理解できないからおもしろくないだけで、わかれば楽しいものです。

だんだんと自信が持てるようになった彼は、今まで英語で行っていた社内会議をスペイン語にしようと自ら提案したそうです。

この一大決心がきっかけとなり、今まで発言しなかったローカルスタッフが活発な意見を言うようになり、社内の雰囲気も和気あいあいとしたものにがらりと変わり、業績もアップしたそうです。

私が以前働いていた企業では、会議は日本人だけで行っていました。完全にトップダウン型の経営に、ローカルスタッフからいつも抗議があったことを思い出しました。当時の私は、スペイン語がわかるからという理由で、彼らから怒りをぶつけられていたため気づきませんでしたが、きっと大切にされていないように感じて、悲しかったんだろうな、と今は思います。私自身も慣れない環境でいっぱいいっぱいな状態だったけれど、もっとできることがあったと初めて気づかされました。

日本人が、「うちは日本の会社ですから」と我流を通すことも一つの方法ですが、彼のように自らが相手に合わせることで、北風と太陽のように、みんながハッピーになる道もあることを学びました。
私も見習わないといけないと思います。

最後に彼はこう言いました。
「えみこさんにもっと早く会いたかったです。もっと早くお願いして講座を受ければよかった。そうすれば、この2年間もっと違う形で過ごすことができたのにね」

私は今でも、この言葉を思い出しては、大きな後悔とともに涙が流れます。

YouTubeチャンネルには、「レッスン希望」のコメントが届いていたし、挑戦してみたいという思いがあったにもかかわらず、誰かに否定されることを恐れて、行動を起こしませんでした。

有名大学を卒業しているわけでもない、スペイン語ネイティブスピーカーでもない私が、そんなことをしてはいけないと、自分を制限していました。

一歩を踏み出すことが、ずっと怖かったんです。

幼い頃から自分らしく生きたいと模索していたのに、すべてを捨てて世界一周バックパッカーにまでなったのに、ずっと探し続けた、私にしかできない仕事がこんなに近くにあったのに、なんでもっと早く行動しなかったんだろう。

日本から遠く離れたこの大陸で、たった一人で苦しんでいた人がいるのに、私は自分を守ることを優先していたなんて。馬鹿なことをして、時間をムダにしてしまったという後悔は、今でも忘れられません。

そしてこの時、私は覚悟を決めました。

「誰に何を言われようと、私は私のできることをする」

そこからYouTubeの発信にもチカラが入るようになり、3年間で400名以上の方に受講いただきました。スペイン語力の上達は、住んでいる場所や仕事、年齢や性別に関係なく、結果を出す人は、「必ずやる」と決めています。

その覚悟に、私も全力でお応えし、サポートしています。

日本在住でも大丈夫

たくさんの方が素晴らしい成果を出してくれていますが、実は不安もありました。

私自身、ゼロからスペイン語を習得した経験から、「絶対話せるようになります！」と言うことはできます。私は特別な環境で育ったわけではないし、一度見ただけで簡単に覚えられる天才でもありません。それでも時々、こう言われることがあります。

「えみこさんだから、できたんでしょ？」

確かに私はペルーに住んでいたし、ありがたいことにたくさんのペルー人に囲まれて生活をしていました。日常的に嫌でもスペイン語が耳に入ってくる環境が、上達速度を速めてくれたことは間違いありません。でも、本当にそれだけでしょうか？　ペルーに20年以上住んでいるけれど、スペイン語がほとんど話せない人を、私は何人も知っています。オーストラリアでも、英語が話せないたくさんの日本人に会いました。住んでいる場所だけが関係するわけではないと、言い切ることができます。

そこで私は、自分のメソッドを確立させつつ、再現性の高い方法を模索し続けました。

2年が経った頃には、たくさんのサクセスストーリーが生まれました。

20代から70代まで、子育て中の方や忙しく働く駐在員の方、趣味で始めた主婦の方などが続々と、DELEスペイン語検定のスピーキングパートに満点で合格する、という事態が起こっているのです。

正直、私も驚きました。こんなに早く結果が出るなんて、羨ましすぎる（笑）!!

たくさんの受講生たちのおかげで、私は自信を持って伝えられるようになりました。みんなで一緒に成し遂げた結果です。

どこに住んでいても、どんな状況でも関係ない。やるべきことをやれば、スペイン語は話せるようになるのです。

ポイントはこの〝やるべきこと〟です。詳しくはChapter 2でお伝えしますが、的外れな学習法が世間には横行しています。もう、誰かの陰謀としか思えないほどに、世間の常識は非常識です。結果が出なくて当たり前なのです。

とはいえ、私のメソッドは、ラクな方法ではありません。世間に出回っている方法はラクしようとするものなので、そちらに吸い寄せられてしまうのは無理がないかもしれませんね。

受講生のほとんどは、他スクールなどで、すでに3年以上スペイン語を学んできた方たちです。声を揃えておっしゃるのは、

「今まで勉強したつもりになっていただけでした」

というものです。

これを私は、したつもり学習と呼んでいます。

ここでお一人、受講生をご紹介します。

ずっと独学でスペイン語の勉強をしていたというAさん（アジ

ア在住・女性)。

彼女の学習方法は、参考書を読んで、そのまま暗記する、というものでした。

参考書に載っている日本語訳とスペイン語の例文を両方暗記する、という、なんとも非効率な方法で勉強していた彼女。一生懸命に覚えても、すぐに忘れてしまうので、自分には語学は向いていないんじゃないかと自信を失っていたそうです。

6ヵ月間コーチングを受けてくださった感想です。

「勉強するイコール暗記する、だと思っていました。他に方法があるなんて思いもしませんでした。今は、自分で文を組み立てることができるようになったので、朝起きた時や、家事をしている時にも、自分の行動をスペイン語でサラッと言うことができます。

今思えば、以前はスペイン語の参考書を買って、カフェで勉強している自分が好きだったのかもしれませんね。自分磨きをがんばっている私♪　に酔っている感じでした。勉強の方法を知らない、ということさえ気づいていませんでした。

昔は勉強が楽しくないから全然続かなかったけど、今は毎日ひまがあれば、机に向かって、スペイン語の文を作ったり日記を書いたりしています。自分でもビックリするくらい変わったと思います。家族には、スペイン語を勉強していることを内緒にしようと思っていたんですけど、私の様子があまりにも違うようで、バレちゃいました。

少しずつですが、会話練習中に、頭の中で文を組み立てることができるようになってきたことがとても嬉しいです。大変なこともあるけど、毎日がとても楽しいです。こんなことなら、早くえみこ先生の講座を受ければよかったって、ちょっとだけ後悔しています。

やっぱりできる人に聞くって大切ですね」

もともと明るくて素敵な女性でしたが、最近は自信がついたせいか、より魅力的になられた印象です。

学習法がわかれば、時間の経過とともにスペイン語力がアップしていくので今後の活躍が楽しみです。

スペイン語ができれば可能性は無限大

私がペルーを好きな理由の一つに、躍動感があります。

以前、50代の日本人男性が、「昔の日本を思い出すんだよね。勢いがあった頃の日本みたいなんだよ」と言っていました。

日本は、すでに発展し、すべてが整っているので、ここから大きな変化はないかもしれません。それに対して、ペルーは今まさに発展中です。いろんなことが目まぐるしく変わり、大きな可能性を感じます。また、日本の国民全体の平均年齢は40代後半であるのに対し、ペルー、コロンビアやメキシコの平均年齢は30代前半です。そう、とても若く、活気があります。

ペルーは鉱山が多く資源も豊富です。土地が豊かであるため、野菜や果物も自国で栽培することができます。ただ、ペルーは資源を輸出し、加工品を購入するというシステムなので、利益率が低いんですね。ここ数年は、ペルー人もそこに気づき始めて、自国で加工して、加工品を販売しようという流れになってきているようです。

変な話ですが、自分自身とペルーを重ねてみることがあります。私自身も、まだ使いこなせていない資源を使いながら、ペルーと共に成長し続けたいと思っています。

みなさんは、日本に住んでいて、なんとなく閉鎖的な気持ちになることはありませんか?

私はずっと感じていました。世間の目を気にしながら、求められる女性としての役割を演じることに違和感を覚えることが多かったのですが、陽気なラテンの国では、そのようなプレッシャーは皆無といってもよいくらいです。

勘違いしないでいただきたいのですが、私は日本が大好きです。日本人であることに誇りを持っています。ただ私にとって一番大切なのは、選べる自由があることです。

・日本に住んでもいいし、ペルーに住んでもいい。
・お勤めしてもいいし、フリーランスでもいい。
・独身でもいいし、結婚してもいい、パートナーはどこの国の人でもいい。

もしアナタが、これらを自分の意志で選べるようになりたいと感じているのであれば、スペイン語は間違いなく強力な武器となります。

ここでお一人、受講生をご紹介します。

Yさん（日本在住・女性）は、半年で日常会話レベルをマスターし、1年半後、なんと、東京オリンピック・パラリンピックの通訳に大抜擢されました。

そう聞くと特別な人のように感じませんか？

実はYさんは30代の普通の女性会社員でした。毎日満員電車で通勤しながら、将来に漠然と不安を抱いていたそうです。さらに驚くべきは、なんとゼロからスペイン語学習を始めただけでなく、スペイン語圏に足を踏み入れたことがないというのです。

彼女のことをお話しすると、「語学のセンスがある人は羨ましいです」と言う人がいますが、そうではありません。

Yさんは、毎週のレッスン前に必ず予習をし、具体的な質問をたくさん用意していました。質疑応答が長すぎて、その日予定していたカリキュラムを終了できないこともあったほどです。彼女はそれくらい真剣にスペイン語に向き合っていましたし、日本在住であることのハンデを努力で補おうとしていました。

試験対策講座をご受講いただいた時にも、設問と直接関係がない文章についても疑問を持ち、ご自身なりに仮説を立てて、私に確認してきていました。この姿勢は私も見習わないといけないと思います。

Yさんは、なぜここまでがんばれたのでしょうか？

それは、「必ず、オリンピックで通訳をする！」という明確な目標があったからだと私は考えています。ひたむきな努力は裏切らない、勇気をもらえるお話です。

彼女の存在のおかげで、私は心から自信を持って言えるようになりました。

「日本在住でも関係ない、やるべきことをきちんとやれば必ず話せるようになって、その先に大きな夢を叶えることができる」

Chapter 2

スペイン語学習の7大勘違い

Aprende del pasado,
vive el presente y
trabaja para el futuro.

世間一般で信じられている語学学習の常識は、実は非常識であることをご存じでしょうか？

私がスペイン語講座の提供をスタートして、一番驚いたことは、ほとんどの人が、真面目に勉強をしているということです。

「なぜ、こんなにひたむきに、真面目に取り組んでいる人たちが、簡単な自己紹介さえできないんだろう？」

と不思議に思いましたが、答えはすぐにわかりました。理由は、間違った方法でスペイン語学習を行っているからです。

世間に溢れる語学学習の方法は、すべて勉強するための勉強方法であって、話せるようになるための学習法ではありません。もっと具体的に言うと、読解力を上げることにフォーカスした学習法です。もちろん読解力も必要ですが、書き言葉と話し言葉は違います。書き言葉を一生懸命勉強しても話せるようにならないどころか、聞けるようにもなりません。残念ながら、アナタも今の方法を続けていては話せるようにならないでしょう。例えるならば、毎週会議室でお料理のレシピを読み解く練習をしているようなものです。包丁を握ったことがないだけでなく、生の食材を見たこともない状況で、レシピの読み合わせを延々と会議室で行っているだけでは、ゆでたまごさえ作れるようになりませんよね？　それと同じです。

この章では、当たり前に信じられている間違った常識7つの実例をご紹介いたします。

カンチガイ ¿1?

文法は必要ない

「文法なんて必要ない」という言葉を、誰もが一度は聞いたことがあるのではないでしょうか？　和訳を中心とした英語の授業を受けてきた私たちは、少なからず、文法に苦手意識があったり、つまらないものという認識があったりすると思います。

文法不要説の理由は、ネイティブスピーカーは文法を知らないから、というものですが、本当にそうでしょうか？

日本語を母国語とする私たちは、日本語の文法を知らないと思いますか？

例えば、「スーパーマーケットへ買う魚」という文を見た時に、「スーパーマーケットで魚を買う」が正しい表現だとほぼ１００％の人が理解できるはずです。その反面、「は」「を」「が」などの助詞の使いわけのルールを、明確に説明できる人は少ないでしょう。

もうおわかりですよね？

ネイティブスピーカーというのは、正しい表現方法を感覚で理解していています。無意識で使いこなすことができるレベルまで落とし込んでいるから、いちいち頭で考えることなく、話すことができます。これは、幼い頃から聞いたり読んだりしていく過程で、身につけてきたものです。

ここで大切なのは、文法を説明できないだけであって、文法を知らないわけではないということです。

では、どうすれば文法を頭で考えなくても、感覚で理解できるようになるのでしょう？

答えは、文法を頭で理解することです。きちんと理解して初めて、その先に体感レベルまで落とし込むことができます。多くの人がこの段階を踏まずに、どうすれば感覚でわかるようになるのか、とい

う部分にばかり気をとられるから、いつまで経っても話せるようにならないのです。

ペルーのスペイン語力について、興味深いお話があります。

頭痛の種である、スペイン語の男性名詞と女性名詞問題。「机が女性で、ノートは男性です」と言われても、チンプンカンプンですが、ネイティブスピーカーは感覚的かつ直感的に聞き分けています。

私も学習初期はかなり苦労しました。

ただ、この問題は、実はスペイン語学習者だけのものではありません。

学校に行っていないペルー人も、私たちと同じように間違っていることがあります。

ちなみに、公立校は無償であるにもかかわらず、農村部では義務教育未了者が全体の3割弱に達している（2013年JETRO調べ）という調査結果が出ています。日本に住んでいる私たちには、信じられない話ですが、しっかりと教育を受けていない人は、スペイン語が間違っていることがあるのです。ネイティブスピーカーが言っているから、と鵜呑みにするのは危険な場合があることを覚えておきましょう。

何が言いたいのかと言うと、ネイティブスピーカーでさえ、ある程度のレベルの教育を受けていなければ、間違ったスペイン語を話してしまうことがあるのですから、私たちは文法を学ぶ必要があると思いませんか？　大人になると、誰も注意してくれません。

時々、受講生の口ぐせを指摘すると、「今までずっとレッスンを受けていたのに、誰も教えてくれませんでした」と驚かれることがあります。レッスンの中で指摘されなければ間違っていない、と考えるのはかなり危険です。日本人は、レッスンを受ければ上達すると考えますが、欧米の人は違います。彼らにとって、スクールはアウトプットの場でしかなく、自主学習の補助的な役割でしかありません。

重要なポイントは、自分で気づいて修正できるようになることです。そのために、正しい知識は必要なのです。

ここで受講生Mさん（日本在住・女性）のお話をします。

彼女は、とても勉強熱心な方です。独学でDELEスペイン語検定B1まで合格されていました。それでも、基礎力が足りなかったと聞くとどう思いますか？

講座受講前の彼女は、テレビのスペイン語講座で勉強していました。知識ばかりが増えていき、頭の中がごちゃごちゃになっていたそうです。

講座が3ヵ月ほど過ぎた時のことです。「頭の中に棚ができました！」と教えてくれました。今まで得てきた情報を、頭の中にある引き出しの中に整理することができるようになったそうです。必要な時に、必要な情報を自由自在に取り出せるようになったことで、自信を持って話せるようになったと嬉しそうに報告してくれました。

文法を知らないままでも、力技で言葉を発することはできます。でも、必ず限界がきます。自己流では、頭打ちになってしまいます。文法を使いこなすことができれば、好きなように文を組み立てることができます。文法を自由自在に操る魔術師になれるのです。

アナタはどっちを選びますか？

カンチガイ ¿2?

日本語に訳してはダメ

「日本語に訳してはダメ！　スペイン語はスペイン語で考えるべき」と思い込んでいる人が少なからずいらっしゃいます。

これもまた、根拠のない理論だと言わざるを得ません。

例えば、私は徳島県出身ですが、地元の方言で「あばばい」という言葉があります。この「あばばい」の意味、わかりますか？

スペイン語はスペイン語で考えるべき、というのは、「阿波弁は阿波弁で理解してください。標準語に訳さないでください」と言っているのと同じです。

え？　そもそも阿波弁って何ですか？　そんな方言話せないんですけど？　と思いませんか？　当たり前ですよね。その方言で理解して、その方言で考えてと言われても無理なお話です。

さらにいえば、毎日聞き流し教材の音声を聞きながら、いつか英語がわかるようになるだろう、と思っているということは「あばばい」を繰り返し聞けば、意味が理解できるようになるということになります。では、アナタは、「あばばい」を毎日の通勤時間に100回聞けば、意味がわかるようになると思いますか？

もちろん、答えはNOです。

ちなみに、「あばばい」は眩《まぶ》しいという意味です。予想できましたか？

ここでお一人受講生Sさん（日本在住・女性）をご紹介します。彼女はもともと英語の勉強が好きで、いろんな学習法を模索していました。そのため、ノウハウコレクターのようになってしまっていて、○○はダメ、○○をしたらよくない、というルールだらけで、頭でっかちになってしまっていました。

受講スタート当初の口グセは、「単語の意味はなんとなくわかります。あまり日本語に訳さないようにしています」でした。単語の意味を完璧に訳そうとするのは危険ですが、訳さないのも問題です。〝なんとなく〟は聞こえがいいですが、私に言わせれば、わかっていないと同義です。よく似た意味の単語が多いスペイン語では、意味を明確に理解する必要があります。その違いを知らなければ、会話で使うことはできません。

少し例を挙げましょう。スペイン語では、持ち手がついたマグカップはTASA。持ち手がないものはVASO。ワイングラスはCOPAと言います。

これを、あったかい飲み物用はTASAという風に、自分の感覚で違う意味づけをしてしまう人が意外と多いです。では、タンブラーや湯呑みはどうでしょう？　持ち手がないからVASOですが、あったかい飲み物用と思えば、TASAになってしまいますね。個人の感覚で使う単語がコロコロ変わっていては、会話が成り立たなくなってしまいます。

このSさんも、たくさんの勘違いと思い込みを抱えていました。そのせいで、学習歴が3年以上あるにもかかわらず、簡単な自己紹介さえできない状態でした。もったいないですね。

なぜ、こうなってしまったのでしょう？

彼女は、「日本語に訳すと話せるようにならない」という、強迫観念を持っていたのです。英語が話せるようにならなかったのは、訳読方式が中心であった学校教育にあった。だから、スペイン語は訳さない！　と決めていたそうです。

スペイン語を話せるようになりたい♪　というワクワクした思いが、〝〜してはいけない〟に囚われてしまうと、楽しくないですよね。

後ほど詳しくお話ししますが、話せるようにならないのは、話せるようになる練習をしていないからです。学校教育は関係ありません。

しっかり日本語で文法を説明し、ニュアンスの違いを伝えていった結果、彼女は今、ペルー人のズンバダンスの先生と会話を楽しめるようになりました。

「思い込みを手放して、怖がらずに日本語のチカラを借りたおかげで、こんなに早く会話ができるようになりました！　スペイン語を話すことが楽しくてたまりません」というSさん。

　大人になってから外国語を勉強する場合には、私たちがすでに得てきた能力である日本語のチカラを使いましょう。年齢も日本語力も財産です。

カンチガイ ¿3? 赤ちゃんのように聞き流すだけで話せるようになる

「赤ちゃんのように聞き流すだけで話せるようになる」という考え方は、どこからきたのでしょうか？　赤ちゃんは、ただ聞いているだけで、ある日突然、完璧な日本語が話せるようになりますか？

　なりませんよね。

　3歳頃になれば、ある程度会話が成立するようになったとしても、保育園での出来事を詳細に説明できる子はいないのではないでしょうか。小学校1年生でも、助詞「は」「を」「が」の理解が不十分な子どもたちはいます。

そして、忘れてはいけないのは家族や先生の存在です。私たちは母国語を自動的に習得するわけではありません。トイレやお風呂場にひらがなの表を貼っていませんでしたか？　お父さんやお母さんと一緒に発音したり、自分の名前をノートに書いたりしませんでしたか？　そのサポートがなくても、アナタは日本語を習得できたでしょうか？

私はよく、講座の中で「もうお母さんはいませんよ」とお伝えします。

無償の愛で、何度も何度も辛抱強く教えてくれるお母さんは、もう隣にはいません。語学の先生は、必要以上には干渉しません。「このまま話せなかったら困るわ」と本気で心配してくれる人は、もういないのです。

厳しいことを言うようですが、これは、「甘え」からきています。聞いていれば、ある日突然話せるようになるという魔法を探すのはやめましょう。語学学習に魔法はありません。でも、やるべきことをやっていれば、アナタの努力は確実に積み上がり、必ず実を結ぶでしょう。これが語学学習の良いところです。

カンチガイ 4

例文暗記だけで話せるようになる

「たった30個覚えるだけで」というスタイルの本やYouTubeチャンネルも、巷に溢れています。それが正しい方法だと勘違いしてしまうのも、無理はありませんね。

ここでお一人、受講生をご紹介します。Nさん（南米在住・男性）は、大手企業の会社員で、駐在員として南米に派遣されました。なんとかスペイン語を話せるようになるために、例文を1000個以上作って、丸暗記をしたそうです。それでもスムーズに会話ができるようにならないことに焦りを覚えて、私のところへ来てくださいました。

「文法を勉強して暗記すれば話せるようになると思っていました。でも、他のスクールとえみこ先生は考え方がそもそも違うことを知りました。文法は一通り学んでから受講しましたが、えみこ先生の講義は角度が全然違うことに驚いています。

不本意な駐在で、スペイン語学習も嫌々やっている状態でしたが、最近、初めてスペイン語というか語学を学ぶことがおもしろいと感じました。楽しくなってきたので、もっと勉強しようと思えるようになったことが一番大きな変化です。

頭に浮かんだ日本語をそのまま変換しようとするんじゃなくて、スペイン語での自然な言い方に換えていくことが大事だと知りました。例文を覚えるほうがラクだと思っていたけど、真逆でしたね。えみこ先生の授業で、考え方が根本的に変わりました」

このNさんのように、例文暗記が近道だと思い込んでしまう方は珍しくありません。私は「楽は苦を呼ぶ」とお伝えしています。実際のところ、例文暗記は決してラクな道ではありません。覚えるのは大変です。さらにその労力に対して、リターンが少なすぎます。

文法を習得すれば、組み立てられる文の種類は無限大です。それに対して、暗記したフレーズは、その限られた場面でしか使うことができません。応用が利かないだけでなく、その瞬間に思い出せなければ、努力が水の泡になってしまいます。非効率すぎると思いませんか？

例えば、カレーの作り方を学べば、クリームシチュー、ビーフシチューやハヤシライスを作ることができるようになりますよね？これが応用力です。いかに、少ない労力で効率的に上達していけるかを考えることは忙しい現代人にとって必要不可欠です。

スペイン語学習には、時間がかかります。コツコツ積み上げていくことが大切ですが、これがなかなか難しい。でも、勉強することが楽しくなれば、こっちのものです。現在、なんとNさんはラテン女子とデートをしながら、実践で鍛えていらっしゃいます。

人生の中で限られた駐在員生活の時期を、前向きに彼らしい魅力を発揮しながら過ごせるようになって、私はとても嬉しいです。

カンチガイ ¿5?

単語と文法を学べば勝手に話せるようになる

全体像を知りたいので、文法を全部教えてほしい。

こんなご要望を受けることが時々あります。残念ながら、私はお断りしています。文法を習得するのではなく、文法知識を知りたいと思う人は、そういうスクールに通うことをオススメしています。

私の講座では「話せるようになる方法」をお伝えしているからです。

外国語習得において必要なのは、熟考と反復です。

たくさんの方が勘違いをしているのですが、「文法を暗記すれば話せるようになる」わけではありません。同様に、スクールに通えば、話せるようになるわけでもありません。肝は、文法を使いこなすための反復練習です。


よく、私のYouTubeを見た方から、「無料で提供する情報レベルじゃないです。いいんですか?」と聞かれるのですが、全部持って帰ってください、とお伝えしています。知識や情報は、知っているだけではほとんど価値がないと私は思っています。使ってなんぼ。の世界です。

大事なのは、的確なフィードバックを受けながら、実践する環境を整えることです。講座を受講して5ヵ月になるJさん（日本在住・女性）が、こんな話をしてくださいました。

「先日、コロンビア人の学生さんとお話ししたのですが、えみこ先生に教えてもらった質問名人シリーズを使うだけで、会話が途切れることがありませんでした。5ヵ月でこんなに変わるんだーと思って、びっくりしました。今まで受けてきたレッスンでは、自分が話そうと必死だから、相手の話なんて聞く余裕がなかったことにも気づきました。レッスンの後は、ぐったりと疲れ切っていました。でも今回は、相手の話を聞いて、質問することに徹したら、とても楽しく会話ができました。その学生さんも楽しそうに話してくれたし、時々私にも質問してくれました。会話を楽しむってこういうことなんですね！

不思議だなーと思いながら、これは何かのシステムに似てるなーと思って考えたところ、教習所だ！　と気づきました。いつも伴走してくれているけど、ちゃんと一人でも運転できるように知らないうちに指導してくれていたんですね！」

おもしろい例えですよね。

教習所の教官は、卒業後、一人で運転できるようになるために限られた時間内で指導します。いつまでも先生が横にいないと運転できないようでは困りますね。公道を走っている時には、突然のアクシデントが起こる可能性もあります。いざという時、自分でとっさに正しく判断できるようになるために、伴走しながら、指導してくれているのが教官です。

私も同じ思いで、受講生たちと向き合っています。長く通ってもらうことを目的とするならば、指導方法はまったく違うものになるでしょう。

私の講座は、勉強することが目的ではなく、実際にリアルの場でおしゃべりができるようになることが目的です。その先に、夢を叶えられる人になってほしいからです。どんどん街に出て、自分で信号や標識を確認し、判断しながら、安全に楽しくドライブできるようになってもらえるよう願っています。

カンチガイ ¿6?
彼氏彼女を作れば語学は上達する

とりあえず彼氏を作ればいいよ！　という人はいますが、実際のところはどうでしょう？

まずは、スペイン語レベルについて考えてみましょう。

私は、国際カップルをたくさん知っていますが、だいたい3つのタイプに分かれると考えています。

1つ目は、もともとその言語が堪能だった人たち。このタイプは、日頃のコミュニケーションを通して、さらに上達していきます。

2つ目は、ほとんどその言語が話せない人たち。実際に、ペルー

やオーストラリアで出会ったカップルたちは、「どうやってコミュニケーションをとっているんだろう？」と不思議に思うほど、簡単な会話さえ成立していませんでした。
そして3つ目は、自己流のスペイン語が身についてしまっている人たちです。話せないだけならば、勉強すればよいのでまだマシです。困るのは、勝手に話すクセがついてしまっている人たちです。この人たちは、自分はスラスラ話せているつもりですが、文法ルールは完全無視です。例えるならば、一般道路を200キロで走行しながら、「え？　交通ルールって何ですか？　大丈夫ですよ、私ちゃんと前を見て走っていますから、楽しいですよ」という感じ。知らず知らずのうちに、自分は良くてもまわりの人を敬わない迷惑なドライバーになってしまっています。大事故を起こし、手遅れになってしまう前に、一度教習所に通っていただきたいです。

次に、人として考えた場合です。

その国でパートナーを作る、だけでなく、友達を作れば上達する、という意見もありますが、個人的には賛成しません。逆の立場で考えてみましょう。

アナタは日本に住んでいるスペイン語圏の人と仲良くなりました。その人から突然、

「ねぇ、日本語教えてくれない？　日本語スクールって高いんだ」と言われれば、どう感じますか？　日本語をタダで学びたいから、私と仲良くなったの？　と少し利用されたような気持ちになるのではないでしょうか？

これは実際に、アメリカ人やカナダ人の友達から聞いた話です。人として興味を持ってくれたのかと思いきや、英語の練習がしたいだけだと知った時には、とても傷つきますよね。

スペイン語力上達のために、お友達を作ることはもちろん大切です。でもそれは、その人と話したいから、というのが大前提です。私がアンヘラともっと話したいと思っていたから、彼女は私に何かを求めることなく、仲良くしてくれていました。それどころか、彼女の家族は、私を旅行に連れて行ってくれたり、家族の集まりに招待してくれたりしてくれました。私はなんとかしてお返しをしたいという思いから、必死にスペイン語を勉強しました。

時々、私のスペイン語が上達したのは、ペルー人の彼氏がいるからだと言われることがありますが、これは違います。私が今のパートナーと付き合い出した頃には、すでにビジネスレベルのスペイン語を話していました。私が、もし無料でスペイン語の練習相手を探しているような人間だったら、きっと彼は私と付き合わなかったと思います。

「仲良くなりたい」。この真っすぐな思いは無敵です。無理にパートナーや友達を作ろうとするのではなく、アナタが仲良くなりたい人を見つけてみてください。100人の薄い知り合いよりも、たった一人の親友が作れるかどうか。アナタのスペイン語人生を豊かにするカギはそこにあります。

カンチガイ ¿7?

適当でも伝わるから大丈夫!?

ずいぶんと乱暴な議論だな、と感じることが多いのが、このフレーズです。適当でも伝わるから大丈夫! 気にせず適当に話せばいい! 間違ってても気にしなくていい! というものです。

初めにお伝えしておきますが、私は間違ってはいけない、とは思っていません。実際に、私自身はペルーに住みながら、今まで伝わらないもどかしさを感じてきましたし、たくさん間違えてもきました。大切なのは、そのミスに自分で気づき、自分で注意しようと思えることだと思っています。そのミスに自ら気づくために、私たちは文法を学んでいるわけです。

こちらは、受講生Cさん（ペルー在住・女性）のお話です。彼女はペルー人男性と結婚し、10年以上ペルーに住んでいらっしゃいます。彼女のスペイン語を聞いた第一印象は、「耳で覚えたスペイン語だな」でした。旦那様のご家族と同居している彼女は、100％スペイン語環境で、耳だけで習得したそうです。ただ、10年経って、そろそろペルーで働きたくなり力試しに受けたDELEスペイン語検定のB2（ビジネスレベル）に不合格だったことでショックを受け、基礎を立て直すために、受講を決意されました。ご自身ではペラペラ話しているつもりでいるし、まわりも理解してくれているのに、なぜ試験に不合格だったのか、何がいけなかったのか、まったくわからないとおっしゃいました。

文法というのは、こういう順番で単語を並べると、こういう意味になるよーという決まりごとです。その理論を知らずに見様見真似で話していると、小さな子どもが話しているように聞こえます。見た目はオトナ、中身は子どもの逆コナン君状態。

愛する旦那様であれば、理解しようとして聞いてくれますし、時間が経って慣れてくれば指摘されることもなくなります。ただ、これが大きな落とし穴であることに、ほとんどの人は気づきません。

Cさんのように、「会社で働きたい」「ビジネスで使いたい」と思った時に、慌てて直そうと思っても、そう簡単には修正できません。「どこが間違っていますか？」と聞かれても全体的に改善が必要ですとしか、お伝えできないのです。完全無法地帯であるため徹底的なテコ入れが必要です。基礎文法からきちんと学び直すことでしか、改善はできません。

「大丈夫だよ」と優しく言ってもらえれば、その時はいいかもしれません。しかし、長期的に見ると、その甘やかしは本人の成長の機会を奪います。そして、最終的に苦労するのは本人なのです。

たまにパーティーで会う程度であれば親切に対応してくれるペルー人でも、雇うとなれば話は別です。そこはシビアにスペイン語力を見極めていますから、働き先が見つからないという話もよく聞きます。

私のところには、このようにクセになってしまってから来られる方も少なくないため、できるだけ初級レベルのうちに、正しい知識を身につけることをオススメしています。お箸の持ち方と同じで、すべてはクセです。早い段階で修正すればその時は大変でも、最終的にはきれいなスペイン語を話せるようになるからです。そして、そのもっと先の未来には、自分で働く場所を選択できるという自由が待っていることを私は知っているから。

現在、Cさんは無事、基礎工事を終了し、増築作業へと入りました。もともと会話に慣れているので、語彙が豊富であることは間違いなく強みです。ビジネスレベルまで上達し、仕事を見つけて、彼女の能力を発揮してほしいと願っています。

Chapter 3

伝わるスペイン語を話す3ステップ

A veces se gana,
otras se aprende.

スペイン語を話そう！　と思った時に、まず参考書を買って、単語やフレーズを暗記して……という順番で始めていませんか？　そのままでは、英語同様、文法の知識はある程度あるけど話せない人になってしまいます。

この章では、3つのステップに分けて説明していきます。

step 1 自分の思いを深める

大切なのは、自分が何を言いたいのかを考えることです。

例えば、講座中にこんな質問がありました。

「洋食が好き、と言いたいのですが、スペイン語でどう言えばいいですか？」

私は、こんな時、こう質問します。

「洋食って何ですか？」

多くの人は、ここで口ごもってしまいます。

そして、

「洋食屋さんに行くのが好きなんですけど」

と返ってきたりします。

私の質問は、「洋食」という言葉がどんなお料理を指しているのか、ということです。仲の良いお友達同士でお話ししていると、「洋食おいしいよねー」の一言で意思疎通が図れてしまいますが、スペイン語を話している時はそうはいきません。伝えたいことをはっきりさせることが、スペイン語上達への第一歩です。


質問を変えて、「よく頼むものは何ですか？」を聞くと、ようやく具体的なお料理の名前が出てきます。

洋食とは結局、何を指すのでしょうか？

グループレッスンの場合は、メンバー全員に聞くことで、一人ひとり、違った意味づけを持っていることに気づきます。パスタ、ハンバーグ、オムライス、中には、パンと答える方もいらっしゃいます。日本食と中華料理以外は、すべて洋食だと考える人もいます。抽象的な言葉は、人によってイメージするものが違うため、少し注意が必要です。

そもそも、洋食という概念は日本独自のものです。パスタやピザを指しているのであればイタリア料理ですが、オムライスやナポリタンは日本料理です。かっこよく、ナポリタ〜ン♪と発音しても、残念ながら通じませんね。このように、抽象的な表現ではなく、具体的な言葉を使う練習をすることが、会話力を上達させるコツです。

日本の文化を知る

日本語は、ハイコンテクスト（高文脈）な言語です。ハイコンテクストというのは、わかりやすくいえば、聞き手が察するということです。

それに比べて、スペイン語はローコンテクスト（低文脈）の部類に属します。こちらは、話し手が言葉のチカラで伝えることが重要視されます。

初めて会った人に、好きな食べ物を聞かれたとします。そして、洋食が好きと答えるアナタに対して、「例えば？」と聞かれたら、どう思いますか？

洋食って言っているのに、なんでわからないんだろう、この人。

と思いませんか？

おわかりでしょうか。

実は、自分が、洋食とは何を指しているのかを明確に言語化できていないにもかかわらず、察することができない聞き手の責任になってしまうのが日本語の怖い部分です。

セミナー中に、わかっていないと思われるのが怖くて質問できない、という日本人が多いのはこのためです。わかっていない自分は理解力が低い、空気が読めない人と認識されてしまうからですね。

これに対して、欧米の国では、伝える側の責任が大きいことをご存じでしょうか？　察する文化が日本ほど強くないために、わからないことは堂々と質問しますし、自分の意見をはっきりと話す人が比較的多いです。例によって、スペイン語は、話し手が明確に伝えなければいけません。聞き手が理解できないのは、話し方が曖昧《あいまい》だから、ということになり、責任は話し手にあります。

どちらが良いというわけではなく、文化の違いです。

日本人のほとんどは、はっきり意見を伝えたり、直球でものを言ったりすることには慣れていません。そのため、この訓練をしないままに文法だけ勉強しても、伝わるスペイン語が話せるようになる可能性は低いでしょう。スペイン語圏の人にとっては、話し方が曖昧すぎて具体的なメッセージが掴めず、コミュニケーションをとりにくい相手だと思われてしまいます。

アナタが伝わるスペイン語を話せるようになりたいならば、このような価値観の違いを理解して、日本語とは違った話し方を身につけることをオススメします。

正解探しの旅を終わらせよう

こんな時、何て言えばいいんだろう？　と思うことは、語学学習をしていると何度もあります。そんな時、まずやるべきことは、YouTube動画を探すことでも、問題集を解くことでもありません。

多くの日本人は勉強熱心なので、正解を探そうとしてしまうことが、話せるようにならない原因の一つだったりします。

ここで受講生Kさん（日本在住・女性）のお話をします。Kさんは、「ちゃんとしてほしい」ってどう言えばいいんだろう？「めんどくさい」って何て言うんだろう？　という具合に、日本語をそのままスペイン語に変換しようとして、いつもうまく言葉が続かなくなってしまうことが悩みでした。

私の講座では、毎週必ず作文の課題が出ます。お題の中には、思い出に残っている旅行・初めての親友・幼少期の習慣などがあります。実は、ほとんどの方は、スペイン語よりも先に、何を書いたらいいのかわからなくて困った、とおっしゃいます。書く内容を考えるだけで1時間以上かかったという話も珍しくありません。

でも、ここはがんばりどころです。私は、スペイン語力を上げるサポートを全力で行いますが、言いたいことを考えることは、ご本人にしかできません。こればっかりは、自分で向き合うしかないのです。

「こんなことを言いたいのですが、どう言えばいいですか?」という質問には答えられますが、「何を言えばいいですか?」と聞かれても、私にはわかりません。

数週間後、根気強く、私の課題をこなしていくうちに、彼女はい

ろんな思い出が蘇《よみがえ》ってきて、言葉がどんどん出てくるようになったそうです。

「めんどくさい」は「めんどくさい」でしょ、と思うかもしれませんが、その気持ちの下には、いろんな思いが隠れています。

例えば、やりたくない、好きじゃない、もしくは、ゴロゴロしていたい、なのかもしれません。その一段奥の部分をスペイン語にすれば、相手に伝わりやすくなります。実は、この気持ちを感じること自体が、人はめんどくさいと感じるのです。今までやってきたことがないことに対しては、人は拒否反応を示します。それでも、Kさんは根気強く続けていきました。

「自分でカウンセリングをしているような気持ちになりました。過去の気持ちを自分で感じて、それをスペイン語に言語化していきました。抽象的な言葉が出てきたら、スペイン語で言えるレベルまで簡略化していきます。そうすると、より素直な気持ちに触れるんですよね。あ、私そう感じてたんだーって、自分でもびっくりしました。

実は、ウマが合わなかった会社の同僚との会話が最近どんどん楽しくなってきたんです。伝えたいことが明確になったからか、息子ちゃんと返事をするようになりました。スペイン語のレッスンなのに、人間関係が改善するなんて不思議ですね」

スペイン語を話したいと思うということは、伝えたい思いがあるということですね。でも、この思いを言語化することは、実は現代人にとっては簡単なことではありません。自分の気持ちを抑えて、家族を優先してきたお母さんたちは、特にこの傾向が強いです。

外に正解を探し求めるのではなく、自分の内側を掘る作業をすることで、伝えたい思いが溢れてくるようになります。もちろん、スペイン語で話すことは簡単ではないですが、自分が何を言いたいのかを深いレベルで知っているだけで、格段にラクになることは間違いありません。

step 2 簡単な言葉に言い換える

先ほどの、Kさんも困っていた、そのまま日本語にできない問題の解決法をお伝えします。それは、3歳児でもわかる言葉に言い換えることです。この技法をスペイン語では、parafrasearと言います。

イメージしてみてください。3歳の子どもに「渡航って何？」と聞かれたら、どう教えてあげますか？「旅行に行くってことだよ」「旅行って何？」「遠いところに行くことだよ」という風に、どんどんかみ砕いて説明してあげると思います。

このように2～3回自問自答していきます。ポイントは、自分のスペイン語力で言えそうなレベルのところまで掘り下げることです。同時通訳養成講座でも、これと同様の訓練を行います。通訳さんは、さぞかし高度な文法テクニックや難しい専門用語を駆使して話しているのかと思いきや、そうとは限りません。

より簡単にシンプルに伝えるということは、実はとてもハードルが高いことです。「今でしょ！」の林修先生をイメージしてみてください。とてもわかりやすく説明してくれますよね。専門用語を使って説明することは、知識があれば誰にでもできますが、一般人にもわかるようにかみ砕いて話すことは、頭の回転が速くないとできません。また、簡単な言葉を使うということは、勘違いする可能性が低いということでもあります。

例えば、商談中に「見積書を来週までにお願いします」と指示され、「来週までということは、週明けに対応しよう」と解釈したとします。

しかし相手が「週明けすぐに確認したいから、月曜の朝一までに欲しい」という意図で言った場合、指示通りに対応できないことになってしまいます。


取引先との関係に亀裂が入る可能性もありますね。そういったすれ違いを防ぐために、誰が聞いてもその意味にしか取れない具体的な言葉を使う必要があります。


でも、これがまた難しい。頭にパッと浮かんだ単語にこだわってしまい、固まってしまう経験は誰にでもあるのではないでしょうか。

〝これは言えない〟と判断して諦めて、違う言い方を探すというのは、訓練次第でできるようになります。

会話中に何度も止まってしまう方は、ぜひ試してみてください。

スペイン語に合わせる

日本人の話す言葉の量が少ないことも、言語力が伸びにくい特徴だと思います。「一を聞いて十を知る」ことが美徳であるこの国では、おしゃべりなことはネガティブなことにとられてしまいがちだと感じます。

南米の人は、とてもおしゃべり好きですし、プライベートを話すことにあまり抵抗がありません。そのため、いろんなことを質問されすぎて閉口してしまう人もいるかもしれませんね。私自身、慣れるまで少し時間がかかりました。

これまでに、たくさんのスペイン語学習者とお会いする中で、気づいたことがあります。ご自身の話をすることが好きな人ほど、比較的会話力の上達が早いことです。初対面の時には、特に家族、友人、仕事や趣味など自分自身について話すことが多いです。自分の話は事前に準備することができるので、話す内容をまとめておくといいですね。

ここまで読んでいただいたみなさんならば、もう文法を勉強して単語を覚えただけでは、スペイン語が話せるようにならないことにお気づきだと思います。言語の勉強はその国の文化や習慣と深く関わっているので、その部分を埋めていく必要があります。

この〝自分が合わせていく〟ということが、語学を学ぶうえで、何よりハードルになっている人が多いことをご存じでしょうか。せっかく一生懸命に勉強していても、日本人が日本語の感覚で話していたのでは、相手に伝わるスペイン語を話せるようにはなりません。まずは自分が変わること。大人になればなるほど、とても難しいと思いますが、これを実践された一人の受講生がいます。

Mさん（日本在住・女性）は、サルサダンスが大好きな50代主婦です。日系人が多いエリアにお住まいで、通っているサルサダンスの先生やレッスンの生徒さんもペルー人というちょっと変わった環境です。彼女たちと一緒に楽しく話したいというのが、ご受講の動機でした。

実はこちらのスクール、生徒さんが集まらなくて時々レッスンが中止になったり、受講料を払わない人がいるせいでトラブルになったりと、何かともめごとが絶えませんでした。先生が日本語を話せないことで、体験に来る日本人は多いものの、入会に至らないケースが多いそうです。Mさんは、とても良い先生だからもっと生徒が増えるといいな〜といつも話していました。

1年が過ぎた頃、簡単な会話ができるようになってきたMさんが嬉しそうに報告してくれました。なんと、ダンスの先生が、日本語の勉強を始めたというのです。

驚くことに、その先生は、日本に20年以上住んでいるにもかかわらず、ほとんど日本語が話せないのだと言います。日本語を学ぶ気があまりなく、ずっと娘さんに通訳をしてもらっているということでした。そんな彼女を変えたのは、Mさんでした。


Mさんは、ダンスメンバーと一緒に食事に行ったり、お家のパーティーに参加したりしては、学びたてのスペイン語でがんばって会話をしていたそうです。スペイン語だけではなく、ペルー料理の作り方を覚えたり、ハグをしたりするなどして、自分から彼らの文化に合わせていきました。

私の講座中にも、「こういう時にはなんと声をかければいいですか？」とたくさん質問をしてくれていました。彼女はいつも、できるだけ彼らにとって心地よい形でコミュニケーションをとろうとがんばっていました。でも、無理している様子はまったくなく、むしろ、彼女がそうしたくて、楽しんで行っているようでした。

真剣にスペイン語を学んでは、ダンスのレッスンで会話をしようとするMさんを見て、思うところがあったのでしょうね。その先生も、日本語教室に通いながら、日本語を話す努力をするようになったそうです。

この話には続きがあります。

先生が日本語を話すようになったことで、日本人の生徒さんが増えたそうです。

もともと体験レッスンにはたくさんの方が来てくれていたようなので、みなさん興味はあったのでしょうね。先生が、片言でもにこやかに日本語を話してくれることで、安心して入会できるようになったことが成功の秘訣だそうです。

「私はペルー人なんだから、スペイン語を話しなさいよ」

「ここは日本なんだから、日本語を話しなさいよ」

と主張し合えば、それまでのこと。わかり合えません。Mさんのひたむきな思いが奇跡を生んだ、私の大好きなストーリーです。

一文一メッセージ

みなさんは、こんな話し方をしていませんか？

「昨日、会社にいく時、電車の中で景色を見ていたら、きれいな桜が咲いていて、眠たかったんですけど、もっとよく見たいなーと思ったけど、満員だから難しくて、でもきれいでした」

なんだか、情報がモリモリの盛り子ちゃんになっていますね。これではいったい何が言いたいのかわからないですよね。

日本語ならば、まだいいかもしれませんが、これを、スペイン語で言ってしまうと、全体的にぼやけてしまい、聞いている側は何を受け取っていいのかわからなくなってしまいます。これは言語の作りの違いによるものです。

主語・動詞・補足説明の順番で話されるスペイン語と、最後に動詞がくる日本語では、話の構成に大きな差が出ます。スペイン語では、動詞がその文のカギを握ります。主語と述語がはっきりしていなければ、とたんに理解不能になってしまいます。

受講生のHさん（日本在住・女性）のケースです。彼女が提出する課題は、いつも単語と単語が不思議な組み合わせになっていました。みなさんはコロケーションという言葉を聞いたことがありますか？簡単に言うと、単語と単語の相性です。合わないもの同士を組み合わせると違和感があります。文が長くなればなるほど、適切な単語を選ぶことが難しくなるので、私は彼女に短い文を書くことをオススメしました。

3カ月後、彼女の文は見違えるほどにスッキリまとまりました。理由を聞いてみたところ、「一番言いたいことは何だろう？　と毎回考えるようにしました」とおっしゃいました。

伝えたいことが多すぎてまとまらないままに、全部書き足すように書いていたから、初めに書いた動詞と、次に続く単語が合わないということになっていたのですね。

Hさんのように、一番伝えたいことを、できるだけ短く表現することで、相手の印象に残りやすくなります。削る作業はとても難しいものですが、すべてを盛り込んだ結果、何も届かない文になってしまうのでは、本末転倒ですよね。一つに絞ってみることで、伝えたいことが伝わりやすくなります。

step 3 必要な文法知識をインプットする

文法と聞くと拒否反応を起こす人が多いことに、私個人としては驚きを隠せません。文法は、本来とてもおもしろいものなんです。わからないから楽しくない、理解できればその魅力にハマっていきます。その証拠に、受講生のほとんどは文法の虜《とりこ》になっていき、どんどんマニアックな質問が飛び交うようになります。

ただ、私の文法講義は、普通のスクールで行っているものとは違います。ペルーでゼロから習得した純日本人だからこそできる、ちょっと変わった文法解説です。

特徴の一つは、必要なものを必要な時に得る、というスタイルです。語学学習の過程は、自己紹介やちょっとした世間話ができる段階から、昨日の出来事を友達に話せるレベルへ、その先にはビジネ

スで使えるレベル、と段階的に上がっていきます。小学校と中学校で教える内容が違うことと同じ理屈です。

まずは、目の前のことができるようになることが優先なのですが、多くの人は情報を一度に得ようとします。これが大きな間違い。悲しいかな、この順番を間違ってしまうと、永遠に暗記メインの文法学習地獄から抜け出すことができなくなってしまいます。

なぜ、2年も3年もスクールに通っているのに、自分の趣味一つスペイン語で話せるようにならないのか、疑問に思いませんか？私にしてみれば、お料理教室に3年間通っても、目玉焼きさえ作れるようにならないのと同じくらい奇妙な現象です。「そのうち話せるようになるといいな～」とホープ学習をしながら、時間もお金もムダにしている人が多すぎます。そのくせ、「私は○歳ですが、話せるようになりますか？」という質問が多い。年齢のことを気にするならば、少しでも早いほうがオトクです。効率的に上達する方法で実践的に学べば、結果は自ずとついてきます。

ラテン文化をインストールする

作文課題を添削していると、たくさんのことに気づきます。文法的には完璧なのだけれど、不自然な文章。日本語をそのままスペイン語に直したような違和感を覚えます。

このタイプの文を書く人は、文法をきちんと勉強しているので、自分では何が悪いのかわからず、本人もフラストレーションを抱えていることが多いです。スペイン語を話そうとしているのに、日本語の感覚のままでいることが、うまくいかない理由です。

例えば、「お友達のお家にお邪魔するので、フルーツの詰め合わせを買いました」という話を聞いたら、みなさんはどんなシーンを思い浮かべますか？　きっと、かごに入ったきれいなフルーツの盛り合わせや、立派な木箱に入ったメロンやマンゴーをイメージするるのではないでしょうか？　実はこれ、とても日本人的な発想です。

私が住んでいるペルーを含め、南米各国では、フルーツはとても安価です。大きなマンゴーが1個100円で簡単に手に入ります。各家庭では、毎朝フレッシュジュースを作る習慣があり、私の住むマンションでも早朝からミキサーの音が鳴り響いています。

以前、日本に住んでいたというペルー人から実際に聞かれたことがあります。誕生日に日本人の友達からメロンをもらったんだけど、どういう意味だったんだろう？　と。メロンは、ペルーでは安いフルーツの部類に入るため、彼女にとっては、みかんをもらったのと大して差がなかったわけですね。その場に流れたであろう、微妙な空気を察すると、国際交流の難しさを感じますね。間に入って状況を説明したくなります。

話を戻します。「お友達のお家にお邪魔するので、フルーツの詰め合わせを買いました」という作文を読んだ私は、日本ではフルーツを贈り物にする習慣があるので、と、一言説明を追加することを提案しました。

言葉を学ぶことは文化を学ぶこと、とよく言われます。相手の国の文化や習慣がわからないと、どんなに文法的に正しいスペイン語を話したとしても、会話を楽しみながら仲良くなることができない。これが、言葉を学ぶことの大変さだなと痛感します。

自分の思いを言語化する

スペイン語を話すということは、どういうことでしょうか？

アナタの心の奥にある大切な気持ち、思いや考えを、相手に見える形にして届ける、これがスペイン語を話す、ということです。

はっきりお伝えします。誰がどんな意図で作ったのかわからない、例文作成のために作られた例文を暗記しても、スペイン語力には直接関係ありません。

一番大切なのは、自分が伝えたいことを明確にすることです。ここでも、残念ながら多くの人は、外側にどんどん知識を足そう足そうとしてしまい、迷子になってしまっています。

その学習法を続けている限り、いつになっても、文を組み立てるチカラがつかない。これが、なかなか話せるようにならない原因です。コツは足し算ではなく、引き算です。

会話力は、焦って知識を足しても伸びません。余分な言葉を差し引くから、本当に伝えたいシンプルな思いが現れる。

その時、無理なくスペイン語に変換できることに気づくでしょう。

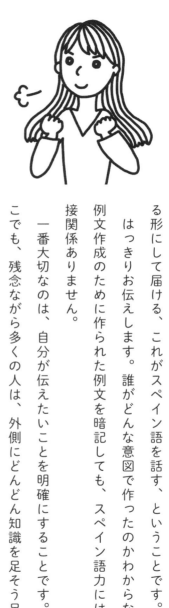

もちろん単語は暗記しないといけないのですが、言葉は作るものです。自分の言いたいことを組み立てるための材料集めをしているという意識を持ってみてください。


ここで、キャリアウーマンの受講生Sさんをご紹介します。

彼女は、日本と南米を行ったり来たりする超多忙な20代女性です。時には数ヵ月間南米に滞在することもあり、そのうち話せるようになるだろう、と思っていたそうです。でも、数年経っても話せるようにならなかったことと、ちょうどコロナ禍でしばらく出張に行けない間に上達したいという思いから、受講をスタートされました。

8ヵ月後、久しぶりの南米出張に飛び立った彼女からメールがきました。

「えみこ先生！　文を組み立てるチカラが全然違います！」

理系の彼女は、昔から語学は暗記が得意な人が有利だと思って、半ば諦めかけていたそうです。でも、えみこメソッドを知り、バラバラに広がっていた知識をきちんと整理することができたことで、文を瞬時に組み立てられるようになりました。理系の人は、論理的に考えることが得意であるため、実は語学に向いているんです。

「スペイン語ができることにより広がる世界を教えてもらったことでやる気が出たし、今は、自分の言葉で会話が成立するのでとても楽しいです」と話してくれました。ラテンのお友達からもスペイン語が上達していることを、褒められたそうです。

【伝えたい自分の思いを、自分の言葉で表現すること】

これが、スペイン語で会話をすることです。そのためには、必要な文法を深いレベルで理解することが大切です。頭の中に整理用の棚を作り、必要な時に取り出せる状態にしておくことで、勝手に言葉が出てくるようになります。

Chapter 4

スペイン語圏のアイドルになるための「7つのルール」

Respetar la cultura
es la riqueza de
aprender idiomas

スペイン語圏でモテる人って、どんな人だと思います か?

実は日本ほど、「美」の基準が標準化されていません。例えば日本では、肌が白くて、細くて、目が大きい子がかわいい、という共通認識がありますよね? だから「細いですねー」という言葉は、ほぼ100%の確率で褒め言葉だと認識されます。

これに対してスペイン語圏では、褐色系の人や白人とのハーフの人など、いろんな人種がミックスになっています。そのため、「細いですね」と言われたら嬉しい人もいれば、嫌がる人もいます。

なぜならば、南米ではボンキュッボンのカービィな体型をしている人が魅力的だと思う人が比較的多いからです。お尻が小さいということが、コンプレックスだという人もいるんですよ！　国が変われば美の概念も違います。

特にアメリカなどでは、目などの顔のパーツが大きいことが悩みだ、という人もいるので、日本人の感覚で褒めたつもりでも、相手を嫌な気持ちにさせてしまう可能性があることを覚えておきましょう。

では、南米の人は褒めないのでしょうか？　そんなことはありません。私の感覚では、日本人の20倍は人のことを褒めます。

褒め方にはコツがあります。例えば、「今日もかわいいね！」「その髪型似合ってるね！」「そのワンピース素敵ね！」という感じで、自分の感想を含めることが重要です。目が大きいね、という言葉が、褒め言葉だと認識されるのは、日本だけだと知りましょう。どういう意味？　という空気が流れないようにするためには、「アナタの大きな目が素敵だね」「アナタの目はきれいだね」と、その部分を見てどう思うのか、自分の気持ちを伝えていきましょう。

スペイン語圏にはスペイン語圏のモテの極意があります。異性からも同性からも好かれるアイドルになるための7つのルールをご紹介します。

ルール 1
名前を呼ぶ

アナタは、お友達や恋人の名前をしっかり呼んでいますか？

基本中の基本ですが、意外とできていない人が多いです。

スペイン語圏の人の名前は、覚えにくいものや発音しにくいものもありますが、そこは紙に書いたり、何度も発音したりして、練習しましょう。

人は、名前を呼ばれると嬉しくなり、親近感を感じやすくなるということをご存じですか？　名前とは、私たち一人一人にとって最も響きの良い言葉であると言われています。アナタも思い返してみてください。名前を呼ばれるだけで大切にしてもらえていると感じることはないですか？　○○ちゃんのママ、と呼ばれるよりも、自分の名前を呼んでほしいと感じるのは、とても自然なことなのです。

カクテルパーティー効果という認知心理学の言葉を知っていますか？

例えば、ザワザワしている教室や職場でも、自分の名前だけははっきり聞こえるという経験をしたことがあると思います。これがカクテルパーティー効果です。

ということは、名前を呼ぶことで相手を惹きつけることができるのです。こんなお得な方法を使わない手はありません。

スペイン語を学ぶ目的は人それぞれですが、最終的には、コミュニケーションをとりたいからということになると、私は考えています。誰とも会話することができないのであれば、私はスペイン語を身につける努力をしなかったと思います。

難しいことをしようとする人は多いですが、本当はとてもシンプルです。一度行ったお店の人、一度会っただけの人が自分の名前を覚えてくれていたら嬉しいですよね？　だからアナタもちゃんと名前を覚えて呼んであげましょう。とても簡単で、誰にでも、今すぐできますね。

ルール2

まずは聞く

よく知らない人から、自分の話を延々と聞かされることは苦痛ですが、根掘り葉掘りプライベートなことを聞かれるのも嫌ですよね。

人との距離感を掴める人はモテます。人と人との距離が比較的近い南米の人でも、実は同じようにマナーがあります。ここをわきまえていないと、育ちの悪い人だと思われてしまう可能性がありますので注意が必要です。とはいえ、おとなしすぎても、冷たい人という印象を与えてしまうこともあります。ややこしいですね。

では、どのように適切な距離感を保てばいいのでしょうか？　すべての解決策は、傾聴力にあります。そう、聞くことが大事です。相手がどのような話をしているのか、どのような言葉を使っているのかを、しっかり聞いてみてください。そこに合わせていくことで、大失敗を避けることができます。

少し話は変わりますが、スペイン語学習の相談で多いのは、「自分の言いたいことを伝えられない」というものです。でも、ちょっと待ってください。自分の言いたいことを優先するのではなく、相手の話を聞く、という部分に注力してみてほしいのです。

アナタは相手の話をちゃんと聞けていますか？　相手の話を聞いている振りをしながら、自分が次に何を言おうかを考えていませんか？

人は、この空気を敏感に察します。「あ、この人ちゃんと聞いていないな」と思った経験は、誰でもあると思います。

「自分の言いたいことを伝えられない」と感じる人は、ベクトルが自分に向いています。そもそも、私たち人間は自分の話を聞いてほしい生き物なので、これは何も悪いことではありません。でも、聞いてほしいと感じる二人が、好き勝手に自分の話をしていたらどうなるでしょう？　お互いに聞いてほしいと思っているにもかかわらず、聞いてもらえないということになってしまいます。不毛な状況ですね。

おしゃべりを楽しめるようになるための近道は「また会いたい人」であることです。そもそも仲良くならないことには、先へ進めません。

人は、話を聞いてくれる人のことを好きになります。好意を抱いてもらうことができれば、また会いたいと思われる人になること間違いなしです。

相手の話をしっかり聞くという行為は、最終的には、アナタにとってのメリットになるのです。

では、どんな時に、ちゃんと話を聞いてもらえていると思いますか？

ルール3 質問名人への道

「スペイン語のナチュラルな相槌《あいづち》の表現を教えてください」というご質問をいただくことがあります。

実はこの相槌こそが、日本人っぽい発想です。

欧米の人は、あまり相槌を打ちません。私のペルー人の友人たちは、しっかり目を見て話しますが、ほとんど相槌を打ちません。私が話し終わったら、「YA（OKという意味）」という言葉で締めくくります。

アメリカ人の友人たちが、日本人が他の人が話している時に、かぶせるように、「あ～なるほどね、そうだよね～うんうん、へー」と言うことが、あまり好きではないと言っているのを聞いたことがあります。

日本人からすれば、聞いていますよ、という反応を示す言葉であるはずの相槌が、他の国の人からすると、集中して聞いていないという印象を与えてしまう可能性があるというのは驚きですね。この辺りは、自分が何語を話しているのかによって、または誰と一緒にいるのかによって、変えていけるといいですね。

ちょっと考えてみましょう。

ナチュラルな相槌を打ちたいのは、誰のためでしょう？

相手が話しやすい環境を作るためでしょうか。それとも「スペイン語上手だな」と思われたいという自分のためでしょうか。

相手のためであるならば、相槌の表現を無理に覚えるよりも、しっかり相手の目を見て、頷《うなず》きながら聞くことを意識しましょう。

自分の話をしっかり聞いてもらえれば、人は嬉しくなります。お友達が求めていることをしてあげることが、モテるコツです。


では、お友達同士の会話で大切な、質問名人になる方法についてお話しします。

アナタは自分が話している内容について、「あ、それ私もあるよ、この前ね」と話題を盗まれたことはありませんか？　まだ話が終わってないにもかかわらず、遮《さえぎ》られてしまった時は、イラッとすると思います。そんな人ともっと話したいと思いますか？　思わないですよね。

他にも、自分が話し終わった後に、今話した内容とはまったく関係のないことを、急にお相手が話し出したらどう思いますか？　ちょっとビックリするのではないでしょうか？

されると嫌な気持ちになるし、会話の流れはとても大切だとわかっているはずなのですが、意外とやってしまっています。特に日本人がスペイン語で会話しているのを聞いていると、「え？　そこスルーなの？」とツッコミたくなることが多いです。もちろん、慣れないスペイン語ですから、理解できないことがあるのは普通です。でも、理解できないことがあれば、聞けばいいのです。これがコミュニケーションであり、スペイン語を学ぶ意義です。

勘違いしている人が多いなーと思うのですが、私たちは完璧に理解して完璧に話すためにスペイン語を学んでいるわけではありません。わからないことを、ちゃんと質問できるようになるために、スペイン語を学んでいるのです。「それはどういう意味？」「例えばどんな時？」と掘り下げていくことで、お互いを理解できるようになるのです。

少し文法的なお話になりますが、英語の5W1Hをご存じですか。いつ（When）・どこで（Where）・誰が（Who）・何を（What）・なぜ？（Why）・どのように（How）。

スペイン語の場合は、いつ（Cuándo）・どこで（Dónde）・誰が（Quién）・何を（Qué）・なぜ？（Por qué）・どのように（Cómo）・どのくらい（Cuánto）です。

私がオススメしているのは、まず、これらの疑問詞を使えるようになることです。

自分が話したいことだけを話し続けることはできません。お金を払っているスペイン語の先生との会話であれば別ですが、お友達を作って仲良くなりたいのであれば、相手の話したい話題に合わせること、さらには、相手の話を聞くことをオススメします。

自分の話をちゃんと聞いてもらえれば、人は満足し、アナタの話も聞いてくれるでしょう。まずは、しっかり相手の話に興味を持って、質問をする練習をしてくださいね。

ルール4
相手の世界に入り込む

アナタは、パートナーの好きなものに合わせていますか?

先日、受講生のお一人が、旦那様がゴルフをするので私もゴルフを始めました! とおっしゃっていました。週末ゴルフに行くことに文句を言うのではなく、一緒に楽しもうとするその姿勢が素敵だと思いました。

スペイン語圏の文化に興味を持つと、お友達もできやすくなりますし、実はスペイン語力も上がりやすくなります。

受講生のMさん（日本在住・女性）が、体験レッスンに来られたのは、私が講座をスタートしてすぐの頃でした。メキシコ人のお友達と会話が続かない、というお悩みを持っていました。スペイン語で会話をしてみると、すぐに理由はわかりました。文法力が高く、日常会話は問題ないレベルです。日本在住であるにもかかわらず、しっかりお勉強されていて素晴らしいと感じました。ですが、とても残念なことに、スペイン語圏の文化には興味がない、と言うのです。ダンスはできない、キリスト教や死者の日を含めるメキシコ独自のイベントには興味がない、さらに、メキシコ料理は好きじゃない、と言うのです。

「なぜ、スペイン語を学んでいるのですか？」と聞いてしまったほど、まったく南米の文化には興味がないと言うのです。

スペイン語圏のほとんどはカトリックであるため、日常的に使う表現の中にも宗教的な意味合いが含まれているものがあります。例えば、私のパートナーのご両親と電話をする際、必ず「Bendición」と言ってくれます。「神のご加護がありますように」という意味です。「神様が守ってくれますように」と私たち二人を思いやる言葉です。私はカトリック教徒ではありませんが、愛に溢れるこの言葉が大好きです。

話を元に戻しましょう。このMさんには、スペイン語文法の勉強よりも、お友達に興味を持つことをオススメしました。

想像してみてください。アナタに日本語を学んでいるスペイン語圏のお友達ができました。その人は、家に入る時に靴を脱ぎたくない、日本人のキチキチしたところが嫌い、日本の歴史にまったく興味がないと言います。さらに、日本食は食べないと言われれば、アナタは少し寂しく感じませんか？　もちろん食には好みがありますし、無理をする必要はありませんが、もう少しその国の習慣に合わせてみてもいいんじゃないかなと感じるのではないでしょうか？

Mさんはその後、なんと、サルサダンスを習い始めました。50代になって踊れない、と思っていたようですが、そんなことはありません。すっかりサルサの魅力にハマっていらっしゃいます。メキシコ料理も、好き嫌いはあるようですが、モレというシチューに似た食べ物が気に入ったようで、時々一緒に作るそうです。もともと、日常会話ができるレベルだったこともあり、今ではDELEスペイン語検定のビジネスレベルに挑戦しています。

言葉はおもしろいですね。文法レベルが高くても、楽しく会話できるとは限りません。たとえ、少しスペイン語がたどたどしくても自分のことに興味を持ってくれて、一緒に関係性を作り上げていける相手と、「また会いたい」と思うのが人間なのですよね。

ルール5
ツッコミどころを作る

アナタは会話をする時、受け身になっていませんか？

受け身というのはどういうことかと言うと、相手が質問してくれるのを待っていたり、相手が会話をリードしてくれるのを待っていたりする姿勢のことです。

ローカルの先生と1対1で会話練習を行っていると、どうしても、この待ちの姿勢になってしまうことがあります。相手はネイティブスピーカーであり、こちらはスペイン語年齢3歳児レベルですから、当たり前ですね。どうしても立場的にそうなってしまうのですが、実はこのシステムこそが落とし穴です。

・多少間違っていても、先生が理解してくれるだろう。
・間違っていれば、先生が訂正してくれるだろう。

という感じで、知らず知らずのうちに、先生任せになってしまい、自分から学ぼうという気持ちになりにくいんですね。もちろん、積極的にお話ししようとする人はいますし、事前に準備することもできるので、必ずしも会話練習がいけないといっているわけではありません。やってはいけないのは受け身でいることです。この状態でいる限り、スペイン語力の伸びが遅くなってしまいます。

受け身改善として、作っていただきたいのは、30秒自己紹介です。ポイントは、質問してもらいやすい内容になっていること。私のスペイン語講座では、この自己紹介を作っていただいております。たくさんの方は、言葉は悪いかもしれませんが、非常に無難なことをお話しされます。「東京に住んでいます。ヨガが好きです。お休みの日は家を掃除します。よろしくお願いいたします」という内容では、残念ながら、グループメンバーから質問が出ることは少ないです。

相手が先生であれば、もちろんプロですから、きっとたくさん質問してくれることでしょう。しつこいようですが、これが受け身の考え方です。

私の講座では、日本人の受講生同士で質問をし合っていただきます。相手任せにすることはできない状況を作るためです。自分が言葉を発する前に、受け手である相手に配慮して、こういう内容であれば質問しやすいかな、と考えることで、会話のラリーが続きやすくなります。投げ返しやすい球を投げる気遣いは大切です。

とはいえ、突拍子もないことを言えと言っているのではありません。アナタらしさを前面に出せば、必ずツッコミどころのある自己紹介になるはずです。

駐在員のHさん（メキシコ存在・男性）は、少し悩んだ末に、こんな話をしてくださいました。

「毎朝アボガドとマンゴーを必ず1個ずつ食べます。なぜならば、日本では高くて食べられないからです。だから、毎日guacamole（ワカモレ）を食べて贅沢な気分を味わうことが好きです」

日本人ならば、共感できますよね。

笑顔がステキで優しいHさんは、もともと会社内のたくさんのメキシコ人スタッフから慕われている方でしたが、さらに人気者になっていきました。

自己紹介というのは、ビジネスなどのかしこまった場所であるとは限りません。スペイン語圏の人はパーティーが大好きです。週末には、何かと理由をつけて集まっては、飲んだり踊ったりのイベントを行います。そういった場所に出かければ、必ず新しい人と出会うため、軽い自己紹介をすることになります。そこで、いかに印象に残れるかが、勝負です。

アナタも、すぐに人と仲良くなる人を見たことがありませんか？すぐに場に馴染み、友達になり、あっという間に次の約束をしている人がいますよね。彼らは、印象に残る自己紹介をするのが上手で、その先に会話を広げていくことができます。スペイン語学習者だからといって、いつまでも質問を待っているだけでは上達しません。一問一答形式での会話が続けば、お相手は質問することに徐々に疲れてしまいます。

もっと、素晴らしいアナタの人となりを知ってもらいましょう。しっかりとした自己アピールをして、相手にとって質問しやすい話し方をしていれば、必ずスペイン語圏のアイドルになれます。Hさんは、間違いなく、愛されるアイドルでした。

大丈夫、まずは自分の好きを言語化するところから始めてみてください。

ルール6
痛い話をしない

ペルー人と日本人の違いは何ですか？　と聞かれた場合、真っ先に浮かぶのは、ペルー人はネガティブな話をあまりしない、ということです。

私は、スペイン語講座だけでなく、コミュニケーションや心理学などのセミナーに参加することが多いです。

そこで毎回驚くことがあります。日本人の話題は、肩こり、腰の痛みや花粉症、暑さや寒さによる体の不調などについてがとっても多いのです。挙句の果てには、Ｚｏｏｍのオンラインセミナーで出会って５分であるにもかかわらず、介護問題、年金や幼少期の苦労話が始まることもあります。なぜ、限られた時間の中での会話に、

ネガティブな話題を選んでしまうのでしょうか。

ペルーでも天気の話はしますが、ネガティブな形ではありません。私が住んでいるペルーの首都リマは、冬は8℃まで気温が下がり、冬の間中うっすらと曇っているため、海も空もグレーに染まっています。どんよりしがちですが、時より陽が差すことがあります。お散歩中、運よく太陽が出たら、「太陽が出ると気持ちいいねー」と知らない人と会話するのがリマのお約束です。1〜2分の会話ですが、笑顔でポジティブな話ができて、ニコニコしながら家に戻ることができます。

「冬になると腰が痛くて……」という話を、通りすがりの人とすることは基本的にありません。もしかしたら、本当は痛みを抱えているかもしれませんが、できるだけポジティブに過ごそうとするのがラテン流です。明るい話題を選ぶのか、暗い不安な気持ちになるほうを選ぶかは、自分次第なのです。

南米は全体的に、日本と比べて治安が良くないため、常に危険と隣り合わせで暮らしています。おそらくその危機感が、日々を少しでも明るく生きようとする、陽気な気質に影響しているではないかと私は感じています。

1分間で自己紹介をお願いした時にも、日本人の場合全体の2割程度の人は、年齢の自虐ネタなどの聞き手からすると、反応に困るような話を持ち出します。ご本人はもちろんそんなつもりはないのでしょうが、聞き手はどう反応していいかわからなくなってしまいます。

そういう意味も込めて、聞き手が質問しやすいツッコミどころのある自己紹介を心がけることは大切です。日本人同士であれば、まだ通じる部分がありますが、スペイン語圏の人を相手にした場合は、暗い人だな、付き合いにくい人だな、そんな第一印象を与えてしまうことを自覚しましょう。本人が一番損をするのです。

ペルーで生活をしていると、それぞれの生い立ちや家族状況の複雑さに驚きます。日本では映画にさえできないような壮絶な環境で育った人もいらっしゃいますが、基本的に自分からその話をすることはありません。いつも明るく、その場の空気を楽しんでいます。それは無理をして笑っているわけではなく、過去に囚われることなく、今を生きようとする姿勢からくるものだと感じます。私もそうありたいものです。

角度を変えて、ビジネス的な側面から見てみましょう。

時々、駐在員の方からスペイン語のプレゼン資料の添削をお願いされることがあります。ほぼ100%の人が冒頭に、「私のスペイン語は拙いですが、どうぞ聞いてください」という内容を入れています。これは完全にNGです。

まず、謙遜《けんそん》は美学ではありません。そして、南米では頻繁に転職を繰り返す人が多いです。プロフェッショナルな人ほど、2〜3年程度で条件の良い会社を渡り歩くことが普通です。

日本では、転職回数が多いとマイナスイメージを持たれることが多いですが、南米ではその逆です。転職回数が少ないのに昇格していない人は、能力がないとみなされます。その証拠に、仕事ができる人はヘッドハンターから次々に連絡がきます。転職ができるだけの能力がないから、同じ会社にとどまっていると思われるわけです。完全実力主義の市場であるため、終身雇用の制度もありません。良い条件の仕事があれば、契約期間中でもどんどん移っていきます。

こんな社会で育った人たちですから、自己アピール力に長けています。時には、実力の5割増しでプレゼンすることもあるほどです。ここの良し悪しの議論は、今は置いておきましょう。自信がない人、自己アピールが上手にできない人は、そもそも面接の機会さえもらえないのが現実です。

そんな激戦をくぐり抜けてきた人たちに向かって、「私のスペイン語は拙いですが、どうぞ聞いてください」などと言えば、どう思われると思いますか？　聞く価値がないと判断されてしまっても仕方ありません。ひどい場合は見下される可能性もあります。これでは、せっかくプレゼンを準備したのに、もったいないですよね。そこは自信を持って堂々と話していただきたいものです。

ルール7 大事なのは、言いたいことよりも伝わること

モテるスペイン語話者になるうえで大切なことをお伝えします。それは、言いたいことを優先するのではなく、伝わる表現を心掛けることです。守るのは自分のルールではなく、スペイン語文法です。「私はこう言いたい！」と主張したところで、スペイン語文法的に間違っていれば、間違いでしかありません。これは、語学学習者として肝に銘ずるべきです。忘れてはいけない目的は、スペイン語

で会話をすることです。スペイン語文法にケンカを売っても勝ち目はありません。

私はよく、交通ルールに例えてお話をしています。

交通ルールは決まっています。

「この道よりもあの道のほうが狭いのに、なぜこの道だけ一方通行なんだ!?」

と怒ったとしても、それは道路交通法という法律で決められています。

誰かが、いくらこっちの道のほうが危険だ! と思ったとしても、そう決まっているからには従うしかありませんよね。スペイン語文法は、スペイン語圏の中の法律です。守りたくないのであれば、その世界に行かなければよいだけの話です。

どうせ伝わるから、楽しく話せばいい、という人は、法定速度を無視して一般道を200キロで走っているようなものです。きっと自分は楽しいでしょう。ルールを無視して好きなように運転しても大丈夫だと思っていることでしょう。でもそれはとても危険なことです。迷惑行為であるだけでなく、誰かを傷つけるかもしれないし、自分も危険な目に遭うかもしれません。言葉もまったく同じです。ルールを守れば、楽しく便利に安全に暮らせますが、無視すれば誰かを傷つけたり、迷惑をかけたりしてしまいます。

自分流のルールをふりかざして、言いたいことを押し通すよりも、相手に伝わる受け取りやすいボールを投げる大切さが伝わったでしょうか。

言葉はコミュニケーションのツールです。この道具は、使い方次第で良い関係性を構築することもできるし、人を傷つける武器にもなってしまいます。

まずは、思い通りのことを言おうとするのではなく、こういう感じのことが言いたい、というざっくりした部分を伝えることを目標にしてみてください。

この章の最後に受講生Eさん（日本在住・女性）のお話をします。娘さんが二人いらっしゃるという素敵なEさんは、私の講座をスペイン語力ゼロから受けてくださいました。

「今までスペイン語を一度も聞いたことがないんですが、娘が大学で勉強し始めたので、私もやりたくなりました」

という、奥ゆかしい雰囲気とは裏腹に、こんなチャレンジャーな一面があります。

Eさんの素晴らしいところは、人間味溢れる作文と1分間スピーチの内容です。

スペイン語力が伸びにくい人は、スペイン語学習を日常生活と切り離して考えています。そのため、例文作成の課題を出しても、「これ、どこで使うんだろう？」という内容になりがちです。日常のどんな場面で使うのか、ということが具体的にイメージできない人は、スペイン語文法をどんなに勉強しても話せるようにはなりません。それは、日常生活の中に取り入れることができないからです。日本在住でも南米在住でも、スペイン語の上達が早い人は、この日常生活に落とし込む能力に長けています。本人は無意識にやっていることがほとんどです。

上達するかどうかは、いかに、上手に日常に落とし込んでいけるかにかかっています。例えば、目の前を走る車のナンバープレートの数字をスペイン語で読み上げてみる、スーパーで見た野菜の名前をスペイン語で言ってみる、などです。ぜひ、試してみてくださいね。

Eさんの作文はいつも日常のほっこりした瞬間や、クスッと笑えるエピソードに溢れています。スペイン語歴1年で、人を笑わせるストーリーを語れる人は、なかなかいません。

何が違うのでしょうか？

彼女のスペイン語の良いところは、良い意味でシンプルであることです。率直で素直です。文法に忠実であり、ムダに飾らない。大人になってから語学学習を始めると、できない人と思われたくないというプライドが邪魔して、こねくり回してしまいがちです。そうすると聞いている側は何が言いたいのかわかりません。

幼稚園児が書くような短い文で、直球で伝えるのが一番なのですが、これができる人は少ないです。人からどう見られるかよりも、相手に伝わる部分にフォーカスすることができれば、最短で上達できます。

現在は、スペイン語歴が平均3年以上のメンバーと同じクラスにいらっしゃいますが、会話練習でもほとんど差がないどころか、ナチュラルさは彼女のほうが一枚上手であることも多いです。彼女の上達ぶりには驚かされるばかりです。
スペイン語に命を吹き込めるところ、ずっと大切にしてほしいと思います。

Chapter 5

スペイン語は自己セラピー

Si no cambias,
todo se repite

会話練習や作文練習の中で、一番多い相談は何だと思いますか？

「何を書いていいのか（話していいのか）わかりません」

というものです。

例えば、アナタの趣味について教えてくださいというお題を出した時、受講生Ｆさんは「毎日ヨガをするのですが、趣味と言えるかどうかはわからないんです」とおっしゃいました。好きなものでいいですよとお伝えしたのですが、ご本人は考え込んでしまいました。

その後提出された課題は、映画を見るという内容でした。でも、どうも内容が薄い……よくよく聞いてみると、適当に書いたというのです。

私の講座で行う作文課題は、提出するためだけの課題ではありません。一度文字に書き起こすことで何を言えばいいのかが明確になり、実際の会話の場面でも堂々と声に出せるようになることが目的です。会話力上達のカギは、文を組み立てるチカラをつけること、すなわち作文力です。一講師としては、その内容をチェックするだけでよいと言えばそうなのですが、私は融通が利かない人間ですので、書き直しをお願いしました。

というのも、「週末何したの？」「休みの日は何をするの？」という会話は日常茶飯事です。ここでもし、「何もしない」「覚えてないわ」と返事をすれば、そこで会話終了になってしまいますよね。せっかくのお友達を作る機会を失ってしまいます。

また、お話好きなラテンの人は、「なんで？」と聞くことが大好きです。

「なんでやってるの?」「なんで始めたの?」「なんで好きなの?」

「なんで?」のオンパレードです。察する文化である日本人からするととても直球に感じますが、彼らは興味があるから質問するのです。ここで理由を伝えることができれば、アナタの人となりが伝わります。そして、仲良くなっていくことができます。

スペイン語圏の人とお近づきになりたい時は、自分の意見をはっきり持つことが大事です。

自分と仲良くなれるスペイン語

大変苦戦したFさんですが、今では、書きたいことがたくさんあって、字数制限に引っかかり、文章を削ることが難しい、と話しています。

何が変わったのでしょうか?

これは、一朝一夕にはできません。Fさんがひたすら6ヵ月間ご自身と向き合い続けた結果です。実際には、3ヵ月くらい続けるとかなり変わってきます。というのも、自分のことが理解できるようになるからです。

作文課題に向き合いながら、ひたすら自問自答をしていきます。初めはちょっと大変ですが、慣れると楽しくなってきます。

もう一人、大きな壁を乗り越えてスペイン語学習が楽しくなった受講生Aさん（南米在住・女性）を紹介します。

彼女と初めてお話ししたのは、世界的なパンデミックが終わりに近づき、南米での生活はほぼ元通りになり、週末のfiesta（パーティー）や会社のイベントを楽しめるようになっていた2022年10月頃でした。

彼女は「一人パンデミック状態」で、お家からほとんど出ていないと話してくれました。

南米全体的に言えることですが、一つ間違えるとトラブルに巻き込まれる危険が身近に潜んでいます。スペイン語ができないと、自由に動ける範囲は限られてしまうのが現実です。

Aさんのパートナーが心配する気持ちはよくわかります。

同時に、気軽に外出できないAさんのストレスも相当なものであろうと感じた私は、彼女が南米生活を満喫できるように全力を尽くすと決めました。

受講が始まってから、Ａさんの文法力の高さに驚きました。スペイン語学習は裏切らないし、嘘をつきません。口ではどんなに「努力している」と言っていても、スペイン語を聞けば、やっているかどうかはすぐにわかります。ごまかせないのが良いところです。

「こんなにがんばっているのに……」という悲劇のヒロインタイプも少なくない中、Ａさんは「勉強してきた人」だとすぐにわかりました。

2ヵ月ほど経ってから、彼女はこう語ってくれました。

「最大の気づきは『言いたいことがあっても今の自分には難しく

て言えない細かいことは諦めて、簡単に言えることだけ言う』ということです。気持ちがとてもラクになりました。そして、短くて簡単な文でもちゃんと相手に通じているので自信につながりました。

それと、えみこ先生が言っていた『忘れてもいちいち落ち込まない』という言葉に、大いに励まされました。発想の転換は大事ですね。

変わったことは、よく考えるようになったことです。講座に参加してからはやるべきことが明確になり、勉強するハードルがかなり下がりました」

注力する部分がズレてしまっていただけだったんですね。

スーパーマーケットやレストランでのちょっとした会話のストレスは、実はとても大きいものです。

これは解決した人にしか気づくことができません。

「あー、私、ストレスに感じていたんだな」と気づくのは、壁を乗り越えた人だけです。

彼女は、ご自身の課題を乗り越えました。

プロジェクト発表では、誰よりもわかりやすく、住んでいる町の紹介を、伝わるスペイン語で5分間プレゼンしてくれました。

毎回のセミナーでは、南米らしい日常のコミカルなエピソードをスペイン語でシェアしてくれます。無限の可能性しか感じない、その上達ぶりを見られるのは、講師業をさせていただく醍醐味です。

そして、Aさんには先日「Rの発音セミナー」の講師をお願いしました。

スペイン語のRは、巻き舌で発音するのですが、鍵は呼吸法にあります。彼女は見事に他の受講生26名の前で、わかりやすくコツを指導してくれました。

私が講師をお願いした理由は、AさんがRの発音ができなかったから、です。

当たり前にできる人は、教えることができません。

できなかったから、うまくいかない経験があるから、伝えられることがあります。

そういう経験がある人のメッセージは、人の心に届きます。

今いる場所を好きでいること。

これが人生を前に進めていくための、隠された秘訣です。

今いる場所を好きでいることは、自分のことを好きでいることと、同義だと私は思うからです。

きっとAさんは、これから南米で活躍するスペイン語話者になっていかれることでしょう。私もとてもワクワクしています。

足りないのは、単語力でも文法力でもない

先日、英語講師をしている受講生Sさんとお話ししていた時のことです。

さすが、アメリカでの生活経験があるだけあって、ハキハキと自分の意見を言える人だなと思うのですが、ご本人はまだまだ慣れないと言います。特に、語学学校では毎回意見を聞かれてとても苦痛だったと話してくださいました。

私自身も、オーストラリアのゴールドコーストで英語を学ぶため、4ヵ月間語学学校に通いました。好きな食べ物一つ話すにしても、理由や具体例を求められることにビックリしたことを今も覚えています。私は、その時まで海外で暮らしたことがなかったため、戸惑いを隠せず、何を言っていいのかわからず、キョロキョロして挙動不審になるしかできませんでした。

そんな私に対して、クラスメイトは怪訝《けげん》な顔をします。

さらには、「えみこは意見がない人」という印象を持たれてしまい、あまり質問されなくなってしまった時期もありました。そこにいるのに、いないような扱いをされてとても悲しかったです。いたたまれない思いになりながらも、それでも、何も言えない自分が本当にもどかしかったことを覚えています。

私はそこで、一生懸命に英語の勉強をしました。英語力が上がれば、堂々と話せるようになると信じていたからです。でもそれは、大きな間違いでした。

私に足りなかったのは、語彙力でも文法力でもリスニング力でもありませんでした。自分の意見を持つことと、自信です。

残念ながらこれに気づいたのは、学校を卒業して、ケアンズという町に移動した後でした。ケアンズは、日本人観光客にも人気の町なので、行ったことがある方も多いと思います。実は、ケアンズは私が初めてオーストラリアを訪れた時に滞在した町で、ずっとツアーガイドになりたいと思っていました。

語学学校を卒業した後、迷わず飛行機で1時間かけて引っ越ししました。英語力が上がっていたため、運よく仕事もすぐに見つかりました。

大きな庭のある風通しの良い家で、シェアハウス生活がスタートしました。そのお家のオーナーは、退職をして静かに暮らしているという、白髪がダンディなレンさんというオーストラリア人でした。

庭仕事をしている姿が、田舎のおじいちゃんにそっくりで、懐かしくて、すぐに仲良くなりました。

彼の日課は、毎朝6時に海沿いのカフェに行って新聞を読むことでした。

忘れもしない、初めて一緒にカフェに行った日、新聞に載っている記事を一つ選んで、読んでみなさいと言われました。レンさんは注意深く私の英語を聞きながら、発音をチェックしてくれました。その後に聞かれたのは、「えみこはこの記事についてどう思った？」です。

記事の内容は覚えていませんが、私は正直に、「何を言っていいのかわからない。それが正しいかどうかもわからないし」と言いました。

そこでレンさんは、「正しい答えとは何だい？」と言いました。

彼は続けます。「えみこがどう感じたのかを聞いているんだよ。それを聞いて、僕はえみこの考え方を理解できるんだ。あー自分と似てるな、とか、自分とは違う見方をするんだな、とか。そこに正解も間違いもない。そして、5分後にはえみこが言っていたことなんて忘れてしまうよ。だから真剣に考えなくていい」と、笑っていました。

正解至上主義の呪縛が解かれた日

何を難しく考えていたんだろう……。

そう思うと、おかしくて、私も笑ってしまいました。そして、なぜだか、涙が溢れてきました。

随分と気を張って生きてきたんだなー。

間違ってはいけない。そう思って、できない自分を必死に隠してきたことを思い出しました。

小学校2年生の時、私は掛け算の九九がなかなか覚えられませんでした。授業中、答えを間違った私は、全員の前で立たされて、男の子たちに馬鹿にされて笑われたことがあります。

今思えば、真面目に覚えなかった自分が悪いのですが（笑）、それでも恥ずかしかったし、ショックでした。

まったく関係ない昔の話を思い出したことをレンさんに伝えると、そっとハグをしてくれました。

「英語は算数とは違うよ」

そう、正解を導き出すゲームではないことを知りながら、気の利いたことを言おうとしていたんですよね。笑われないように、馬鹿にされないように、ちゃんとしたことを言おうと思っていたら、何も言葉が出なくなっていました。

思い返せば、日本語でも同じです。母国語なので、ペラペラと話すことができますが、中身はどこかで聞いたことがあるようなことを言っているだけでした。本当に自分の心の奥にある思いを言語化したことは、あまりなかったかもしれないなーと、その時初めて気づきました。

その一件からは、まるで呪縛が解けたかのように、自分の気持ちを伝えることができるようになりました。少しだけ、みなさんにコツをお伝えします。

それは、「私は」という主語をつけることです。

スペイン語では、「Yo creo que……（私が思うには）」というフレーズをつけるだけです。だって自分はそう思っているのですから。誰も「それは違うよ」と言うことはできません。こうすれば意見を言うハードルが下がります。もし、「日本人は」という主語をつけてしまうと、日本人の総意を話しているようになるので、言葉に詰まってしまいがちです。ぜひ、試してみてくださいね。

誰も正解なんて求めてない

ペルーでは選挙の投票は権利ではなく義務です。そのため、投票率は90%を超えます。投票に行かなければ、所得に応じた罰金が科せられます。

ペルー人はマニフェストだけではなく、その候補者の経歴なども調べます。そして、自分の意志を持って投票します。南米では、大統領の権限が強く、誰が選ばれるかによって、本当に国が変わってしまう危険性があるため、責任重大です。

そのため、日本の政治について聞かれることも多いです。

お恥ずかしい限りですが、私はあまり政治に詳しくありません。あのレンさんとの一件以前は、「何と説明していいのかわからない」という答え方をしていたので、気まずい沈黙が流れることが多かったです。

今は「私は政治に詳しくないから、確実なことは言えないけど、私の考えを話していい？」と聞きます。

人によって聞きたいという人もいれば、話題を変える人もいます。なぜ興味がないのか、と聞いてくる人もいます。

これが、会話なんですよ！

知らない、わからないと言っていいし、一度で聞こえない場合は、聞き返せばいいのです。知らない単語があれば、意味を教えてもらえばいいだけの話です。大事なのは、止まらずに会話のキャッチボールができるかどうかです。

日本語でも得意な話題と苦手な話題があるのですから、スペイン語でできないのは普通です。

もし仮に、お友達が、衆議院と参議院の議席数や任期の話を聞いてきているのであれば、Wikipedia 先生に聞けばいいだけです。情報はインターネット上に溢れています。

でも、アナタの意見は、アナタだけのものです。お友達は、ネットで探せば手に入る情報ではなく、アナタ個人の意見を知りたいと思うのではないでしょうか？

自分自身の気持ちを自分で理解し、それを相手に伝えるために、スペイン語を学んでいることを忘れないでください。

では、練習してみましょう。

アナタが好きなものを考えてみてください。おそらく、名詞が出てきませんか？　例えば、ダンス、ヨガ、サッカー、ゴルフやお料理などです。このままでもいいのですが、できれば動詞をつけてみてください。

ダンスを踊ることが好き、教えることが好き、見ることが好き、研究することが好きという方もいるかもしれません。

みんな違うから、おもしろい。語学学習者はこのマインドが必要です。違いをおもしろがれるから、仲良くなれる、そしてスペイン語も上達します。

まずは、身近なところから始めてみてくださいね。

変わる勇気

ここまでで、わかっていただけたと思いますが、スペイン語文法を理解できたとしても、スペイン語で楽しい会話が成立するとは限りません。これは、文化の違いによるものです。

日本人が日本人的な発想のまま、スペイン語を話していると、スペイン語圏の人は壁を感じてしまうことがあります。私は、「わかってくれるだろう」は日本人の最大の甘えであると思っています。国際社会では通用しません。自分の意見を主張し、自分の希望を言葉のチカラで伝えることができなければ、取り残されてしまいます。

受講生の中には、パートナーの仕事の関係で南米に来られている方もたくさんいらっしゃいます。お子さんがいる家庭では、小学校以上になれば、日本人学校やインターナショナルスクールに通う場合が多いですが、未就学児は地元の幼稚園に通うことが一般的です。

ローカルの子どもたちが通う幼稚園の先生は、外国人だからといって特別扱いをせず、平等に対応しているところが多いようです。そんな中で多いご相談は、「幼稚園の先生が、全然話してくれません」というものです。今日何があったのかなど、詳しいことを話してくれないというのです。

この部分だけ聞くと「ひどい！」と感じるかもしれませんが、こういうお話をされる方は、基本的にスペイン語が話せません。お忙しい先生の立場からすれば、自分の話を理解できない相手に、そこまで話しても仕方がないと思ってしまうのは、ある意味で自然なことであると思います。


この状況を自らの努力で変えた、素晴らしい受講生Mさん（南米在住・女性）がいます。

だんな様のお仕事の関係で1歳と3歳のお子さんを連れて南米に来られた20代のMさん。ご自身のお仕事を辞めて、帯同することを決意されたそうです。

慣れない子育てに加えて海外暮らし。南米は危険なエリアも多いため、女性は一人で気軽に歩き回ることもできないことがあります。そんな状況に追い打ちをかけるように始まった世界的パンデミック。

幼稚園がオンライン授業になり、お子さんのサポートや通訳をしないといけない状況になったことで、私のスペイン語講座の受講をスタートされました。

時には、1歳の娘さんを抱っこしながら、レッスンを受けられていたことをよく覚えています。私でさえ、あの時期は気がめいっていましたので、相当なストレスだったとお察しします。

ただ、私には彼女が節約モードでスペイン語を学んでいるように見えていました。非常に聡明な方だったので、もっとできるのでは？　と思っていたのです。お子さん二人を育てながら時間がないことは承知のうえで、DELEスペイン語検定の受験をオススメしました。彼女は決意してくれました。そして見事A2レベルに一発合格されました。合格するだけでも十分素晴らしいのですが、彼女のサクセスストーリーは、これだけでは終わりません。

なんと幼稚園の先生が、たくさん話してくれるようになったというのです。毎日、お子さんがどんな遊具で遊んだのか、誰と仲良しなのか、詳しく話してくれるようになったのだとか。おかげで、幼稚園での様子がよくわかるようになり、安心して預けられるようになったそうです。

さらに、毎日会うママ友との会話が楽しみになったというではありませんか!! これまではなんとなく避けていたというママ友たちとの会話が楽しくなれば、毎日が楽しくなりますよね。驚くことに、Mさんはどんどん明るくなっていきました。本来の魅力を取り戻した、という感じでした。

帰国が決まった時、Mさんは話してくれました。

「幼稚園の先生には、以前は自分からあまり話しかけることをしませんでした。単語もわからないし、辞書で調べながら片言で伝える感じでした。今は頭の中で文を組み立てることができるので、辞

書を使わなくても言いたいことが言えるようになりました。そのおかげで、スムーズに会話ができるようになりました。きっと先生もやりづらかったんだろうな、と今はよくわかります。
スペイン語が話せなくても、南米で生活することはできます。でも、話せたほうが楽しい。今は日本に帰りたくないくらい毎日が楽しいです」

この話を聞いた時、私は、Mさんとご縁をいただけたことを心から嬉しく思いました。スペイン語学習はラクではないけれど、必ず話せるようになります。
その先には、想像以上に楽しい未来が待っています。

日本人だからこそ！最強の国際人

私たちは、もっと日本人であることの強みを知る必要があると思っています。

それは「察するチカラ」です。

言わなくても伝わるだろう、と相手に察してもらうことを求めることは、得策ではありません。でも、相手の気持ちを察してあげることは、ぜひやっていただきたいです。

きっとこう思っているんじゃないのかな？　と空気を読むことができるのは、日本人の最大の強みです。それを敏感に感じることができたならば「○○しようか？」とぜひ声をかけてあげてください。

そのうえで、言葉のチカラを使って自分の気持ちを伝えることができれば、きっとモテモテになること間違いなしです。

みなさんそれぞれに、素敵な魅力があります。それを活かしながら、スペイン語学習と向き合っていただけることが理想だと思います。スペイン語は、必ず、アナタの世界を広げてくれます。

おわりに
語学学習は成功体験の縮図

最後までお読みいただき、ありがとうございます。

スペイン語でおしゃべりを楽しむ、友達をたくさん作る、仕事で使えるレベルになる。人生を変える出会いに恵まれ、起業し、スペイン語圏への移住を実現する。そのためには、文法を学んだり、ただ単語を並べたりするだけではなく、自分の思いを深めて、相手に伝わる表現を選ぶことが大切だということがおわかりいただけたと思います。

語学学習は成功体験の縮図だと思っています。
遠くに見える星の光を頼りに、日々少しずつ積み上げていく。コツコツ努力する。
たったそれだけの、とても地味な道のりです。
「話せるようにならないんじゃないか」と不安になることもあります。

安心してください、そんなものです。

それでもアナタが進み続ける限り、確実に近づいていきます。

ある日、思い描いていた場所に、すでにたどり着いていたことに気づくでしょう。

そして、その場所が、ゴールではなく新しい旅の始まりであると知ることでしょう。


本書では、大切な時間をムダにすることなく、確実にステップアップしながら、スペイン語を話すという夢を叶える方法をすべてお伝えしました。

あとは実践あるのみ！ アナタの人生が、自由でエキサイティングなものになることを楽しみにしています。


最後になりましたが、この場をお借りして、日々応援してくれている受講生、メンバーへ心からの感謝を送ります。みなさまのおかげで、すべてがあります。

そして、私のやりたいことを応援して支えてくれる、両親、パートナー、家族、友人たちにも「ありがとう」を伝えさせてください。

また、最後の最後に、編集をしていただきました坂本さま、本書を担当してくださった田谷編集長さま、手厚いサポートをいただき誠にありがとうございました。

スペインに旅行に行った時に、地元の人と会話を楽しみたいという方から、大阪万博で通訳をしてみたい、仕事で商談やプレゼンをしたいという方までいらっしゃいますが、共通しているのは「話したい」という部分です。

話せるようになりたいのであれば、「話す練習」が必要です。

突然、ペラペラと大人のように話し出す小さい子どもを見たことがありますか？

まずは、「パパ」「ママ」などの単語から始まり、きれいに発音できない音があったり、言い間違いをしたりしながら、少しずつ上達していきますよね？

幼稚園や小学校に通いながら、少しずつ語彙を増やしていき、敬語がきちんと使えるようになるのは、だいたい10歳頃からだと言われています。

こういったことを考えた場合、
「話せるようになるまで話さない」
という姿勢はやめる必要があります。
「イチゴ好き」「お腹空いた」というような、小さな子どものような話し方ができるようになることが、第一の目標です。

ビルを建てる時、まず30階から建設することはできませんよね？大事なのは、強固な基礎工事です。そこから一段一段積み上げていくことが、遠回りに見えて、一番の近道なのです。

では、3カ月レッスンを始めましょう。

3カ月間かけて、1分間の自己紹介ができるようになることが目標です。

「自己紹介なんて……もっと違うことが言いたいわ」
と思いましたか？

では、アナタは、英語で1分間の自己紹介ができますか?今、本を閉じてやってみてください。90%以上の方が、名前と居住地くらいしか言えないんじゃないでしょうか？

私たちは、中学校時代3年間で約315時間英語の授業を受けます。高校も含めれば600時間以上の英語の勉強をしているにもかかわらず、たった1分間の自己紹介さえできないのです。これが現実です。

まずは自己紹介ができることが、ビジネスで通用するスペイン語が話せるようになる第一歩です。それも、世界に1つだけ、アナタだけのオリジナルの自己紹介です。

Week7 不規則動詞の活用 » Week8 よく使う動詞の活用 » Week9 原形大作戦 » Week10 質問名人への道 » Week11 SERとESTAR① » Week12 SERとESTAR②

巻末付録

▲動画はここからチェック！

ゼロからスタート 3カ月で世界に一つだけの自己紹介を作ろう！

この章では、スペイン語を初めて学ぶアナタへ、3カ月間のプランをお届けします。

私は、言語学者でもスペイン語学者でもありません。よって、品詞の区別や文法などについて、細かく説明することはしません。この章のワークは、話せるようになりたいアナタに、まずやるべきことを明確にして、スペイン語を話す楽しさを味わってもらう、その一点にのみこだわっています。

実際には、読むだけではわかりにくいと思いますので、解説動画つきメール講座をご準備しました。1週間に一度えみこからミニ解説動画をお届けします。発音がわかるだけでなく、文章だけでは説明しきれない細かい部分も解説していますので、ぜひ受け取ってくださいね。

3カ月間プランは、下記のスケジュールで進んでいきます。

スペイン語力が伸びにくい方は、難しいことをやろうとしすぎです。

例えば、一気にたくさんの動詞を覚えようとしたり、すべての文法を学ぼうとしたりします。これは完全にNGです。

アナタがスペイン語を学びたい理由は何ですか？

おそらく、大半の方が、「話してみたい」だと思います。

3カ月プラン・スケジュール

Week1 挨拶、基本の表現 ≫ Week2 よく使う動詞10選 ≫ Week3 基本文型 ≫ Week4 主語と動詞の活用 ≫ Week5 AR動詞の活用 ≫ Week6 ER/IR動詞の活用 ≫

出身地

B: ¿De dónde eres?
どこから来たの?

A: Yo soy de Japón. ¿Y tú?
日本からよ。あなたは?

B: Soy de Colombia. ¿De qué parte de Japón eres?
私はコロンビアよ。日本のどこから?

A: Soy de Osaka.
大阪です。

このやりとりを、私はこれまでに何百回と繰り返してきました。

多くの方が、急に文法を学ぼうとするのですが、これも挫折の原因になります。
まずは、簡単な表現を暗記していただき、スペイン語の音に慣れてくださいね。

WEEK 1

基本の挨拶ができるようになろう！

A ¡Hola! ¿Cómo estás?
元気？

Estoy bien, gracias. ¿Y tú? B
とても元気よ、ありがとう。あなたは？

A Estoy muy bien también, gracias.
私も元気よ、ありがとう

スペイン語の挨拶は、ほとんどの場合この会話からスタートします。
急に聞かれても条件反射で口から出るくらい、繰り返し練習しましょう。

名前

A ¡Hola! Mucho gusto. Me llamo Erika.
¿Cómo te llamas?
やぁ、初めまして。私の名前はエリカです。お名前は？

Me llamo Diana, mucho gusto. B
ディアナよ。初めまして。

名前を聞くことも大切ですね。
スペイン語圏の人の名前は覚えにくいこともあると思いますが、メモをしながらできるだけ名前を呼んであげましょう。

今週は、ご自身が日常で日本語を話す時に使っている動詞に注目してみてください。そして、その中でも、一番よく使う動詞10個を選んでください。

講座の中でも受講生の方にピックアップしてもらうのですが、驚くほど、人によって選ぶ動詞が違います。学生が使う言葉、ママが使う言葉、銀行員が使う言葉と薬剤師さんが使う言葉も、まったく違うのです。

そして、その10個が、これからあなたが最も必要とするスペイン語の動詞です。10個慎重に選んでいただき、スペイン語に直してくださいね。

WEEK 3

スペイン語の基本文型

「昨日、ラーメンを食べに車は出かけた」という文は、意味を推測することはできますが、正しい文とは言えません。ただ、単語の並び順は、1つ目の文と同じであることにお気づきでしょうか？

語順が同じでも、助詞が間違っていれば意味が通じなくなる日本語に対し、スペイン語は、正しい単語の順番で並ぶから意味が伝わる言語です。

ここを理解しないまま、頭に浮かんだ日本語をそのままスペイン語に翻訳しても、残念ながら、文を完成させることはできません。ただの単語の羅列のままでは、力業でコミュニケーションをとることは可能ですが、語学力が上達することはありません。

この悲しい状況を防ぐために、私たち日本人がすべきことは、「動詞を前に持ってくること」です。これがなかなか難しいのですが、クセになってしまえば自然にできるようになります。

まずは動詞を前に出す、という感覚を身につけていきましょう。

WEEK 2

よく使う動詞10選！

先週の課題で動詞を10個選んでいただきました。それには理由があります。

日本語は、「てにをは」と呼ばれる助詞がカギを握る言語であるのに対して、スペイン語は語順が肝になります。

下の図で比べてみましょう。

日本語

助詞が大事

昨日、ラーメンを食べに車で出かけた。
昨日、車でラーメンを食べに出かけた。
ラーメンを食べに昨日車で出かけた。

?

昨日、ラーメンを食べに車は出かけた。

スペイン語

語順が大事

Sujeto + Verbo + Complemento

Salí para comer ramen en carro ayer.

人称代名詞の主格形

単数	複数
yo 私	nosotros 私たち（男性のみ・男女混合）
	nosotras 私たち（女性のみ）
tú 君	vosotros 君たち（男性のみ・男女混合） ※スペインのみで使用
él 彼	vosotras 君たち（女性のみ） ※スペインのみで使用
	ellos 彼ら（男性のみ・男女混合）
ella 彼女	ellas 彼女たち
usted あなた（丁寧）	ustedes あなたたち

これは、「彼ら・彼女たち」のケースでも同じです。
このように、性別を区別していくのが、スペイン語の特徴です。おもしろいですね。

今週は宿題を出します。ぜひ、解いてみてくださいね。

問　題

例 あの人（女性） ella

①あなた（女性）と私（女性）
②あなたの両親
③あなた（男性）とあなたの妹
④私と私の先生（男性）
⑤彼の姉と妹
⑥彼の姉と弟

答え　①. Nosotras　②. Ellos　③. Ustedes / vosotros　④. Nosotros　⑥. Ellas　⑥. Ellos

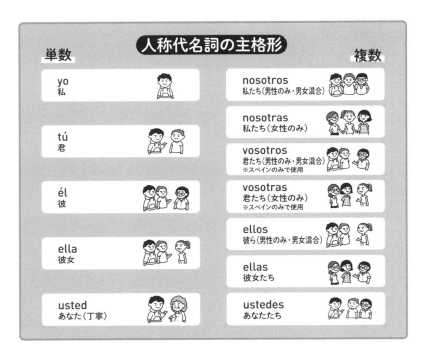

WEEK 4

主語と動詞の活用の関係

もう1つのWEEK3に出てきたポイントは、主語を意識することです。

図の中の、「昨日、ラーメンを食べに車で出かけた」の主語は何だと思いますか？

日本語は主語を省略する言語であるため、あまり考えたことがない方も多いと思います。正解は、「私」です。

スペイン語も、日本語と同じように主語を省略することが可能なのですが、動詞を活用していかなくてはいけません。

活用というのは、主語によって、動詞の語尾を変化させていくことです。

例えば、こんな感じです。

HABLAR	
(yo) hablo	私
(tú) hablas	君
(él) habla	él彼・ella彼女・ustedあなた（丁寧）
(nosotros) hablamos	私たち
(vosotros) habláis	おまえたち（スペインのみで使用します）
(ellos) hablan	ellos彼ら・ellas彼女たち、ustedesあなたたち

活用について、詳しくは、WEEK5から触れていきますが、今週は主語について理解を深めてみましょう。

スペイン語では、「私たち」と言いたい時、それが男性なのか、女性なのか、というのがポイントになってきます。

全員男性であれば、nosotros
全員女性であれば、nosotras
男女混ざっていれば nosotros
を使います。

WEEK 5

AR動詞の活用

今日からは、いよいよ活用の練習をしていきましょう！

スペイン語の動詞が原形の状態の時、語尾は、必ず、AR・ER・IRとなります。

例 TRABAJAR / TENER / ESTAR / SER / VIVIR

それぞれを、AR動詞、ER動詞、IR動詞と呼び、個々の活用のルールがあります。
今日は、直説法現在のAR動詞の規則活用を学びましょう。

まずは、動詞の原形の状態でARを取り、それぞれに語尾をつけていきます。

HABLAR		ER動詞	HABLAR
私	Yo	--o	Yo hablo
君	Tú	--as	Tú hablas
彼、彼女、あなた	Él	--a	Él habla
私たち	Nosotros	--amos	Nosotros hablamos
おまえ達	Vosotros	--áis	Vosotros habláis
あなた達	Ellos	--an	Ellos hablan

※図だけではわかりにくい場合は、ぜひメール講座にご登録くださいね。

他の動詞でも練習してみましょう。
以下の動詞をそれぞれ活用してみてくださいね。

TRABAJAR / CAMINAR / BAILAR / TOMAR / COMPRAR / COCINAR

WEEK 6

ER・IR動詞の活用

今日は、ER動詞、IR動詞の規則活用の練習をしていきましょう！

COMER　ER動詞　COMER

私	Yo	--o	Yo como
君	Tú	--es	Tú comes
彼、彼女、あなた	Él	--e	Él come
私たち	Nosotros	--emos	Nosotros comemos
おまえ達	Vosotros	--éis	Vosotros coméis
あなた達	Ellos	--en	Ellos comen

VIVIR　ER動詞　VIVIR

私	Yo	--o	Yo vivo
君	Tú	--es	Tú vives
彼、彼女、あなた	Él	--e	Él vive
私たち	Nosotros	--imos	Nosotros vivimos
おまえ達	Vosotros	--ís	Vosotros vivís
あなた達	Ellos	--en	Ellos viven

前回のAR動詞と比べてみると、つけるべき語尾の音が変化していることにお気づきだと思います。

ぜひ以下の動詞で練習してみてください

ER動詞	VENDER / APRENDER / LEER
IR動詞	ESCRIBIR / RECIBIR / INSISTIR

WEEK 7

不規則詞の活用

2週間かけて、AR・ER・IR動詞の規則活用を学んできました。
今日は、不規則動詞についてお話しします。

残念ながら、すべての動詞が規則的に変化していくわけではありません。
超重要な不規則動詞をこちらでご紹介しておきます。

「どうやって覚えればいいですか？」というご質問をよくいただきます。
答えは、「何十回も繰り返しブツブツ言って覚える」です。残念ながら、語学学習に魔法はありません。ここは諦めて暗記をしてください。

不規則動詞なのか、規則動詞なのかの見分け方も、これといって決まったルールはありません。慣れればなんとなく見分けられるようになりますが、初めのうちは、1つずつ調べるクセをつけてくださいね。

今日は、私からの**TAREA**（課題）のみです。

WEEK2でピックアップしていただいた、あなたが一番使う動詞10個を覚えていますか？　それらの動詞を活用してみてください。
おそらく、AR動詞やER動詞、不規則動詞も混ざっていると思いますので、1つずつ丁寧に調べてくださいね。そして、**yo**（一人称）と**tú**（二人称）の活用だけでよいので、声に出して言えるようにしてみてください。

TENER（持つ）	QUERER（欲しい）	PODER（できる）	IR（行く）
(yo) tengo	(yo) quiero	(yo) puedo	(yo) voy
(tú) tienes	(tú) quieres	(tú) puedes	(tú) vas
(él) tiene	(él) quiere	(él) puede	(él) va
(nosotros) tenemos	(nosotros) queremos	(nosotros) podemos	(nosotros) vamos
(vosotros) tenéis	(vosotros) queréis	(vosotros) podéis	(vosotros) vais
(ellos) tienen	(ellos) quieren	(ellos) pueden	(ellos) van

HACER（する、作る）	DECIR（言う）	VER（見る）	DORMIR（寝る）
(yo) hago	(yo) digo	(yo) veo	(yo) duermo
(tú) haces	(tú) dices	(tú) ves	(tú) duermes
(él) hace	(él) dice	(él) ve	(él) duerme
(nosotros) hacemos	(nosotros) decimos	(nosotros) vemos	(nosotros) dormimos
(vosotros) hacéis	(vosotros) decís	(vosotros) veis	(vosotros) dormís
(ellos) hacen	(ellos) dicen	(ellos) ven	(ellos) duermen

SABER（知る）	DAR（与える）	PONER（置く）
(yo) sé	(yo) doy	(yo) pongo
(tú) sabes	(tú) das	(tú) pones
(él) sabe	(él) da	(él) pone
(nosotros) sabemos	(nosotros) damos	(nosotros) ponemos
(vosotros) sabéis	(vosotros) dais	(vosotros) ponéis
(ellos) saben	(ellos) dan	(ellos) ponen

WEEK 8

よく使う動詞10個の活用クイズ

不規則動詞の活用は、覚えられましたか？

「全然覚えられません」という方も、どうぞ安心してください。そんなに簡単ではありません。なかなか覚えられなくても大丈夫です。私も時間がかかりましたが、必ず覚えられるようになりますので、根気強く続けてみてくださいね。

例えば

Quiero comer.
私は、食べたい。

Tengo que limpiar.
私は、掃除をしなくてはいけない。

Me gusta bailar.
私は踊ることが好きだ。

Voy a trabajar.
私は働く予定だ。

という形です。

ぜひ、WEEK2で選んだ動詞10個と組み合わせて例文を作ってみてくださいね。

WEEK 9

原形大作戦

4週にわたって、動詞の活用についてお話をしてきましたが、慣れてきましたか？

動詞の活用を覚えるのは大変です。こんな時に使える必殺技を今日はご紹介します。
その名も「原形大作戦」です。

動詞の中には、後ろに動詞の原形を伴うものがあります。例えば、「欲しい」という意味のQUERERは、後ろに動詞の原形をつけて「〜したい」と表現することができます。
例えば、「私は料理をしたい」であれば、Quiero cocinarといえばOKです。
動詞QUERERは活用しないといけませんが、後ろに続く動詞を活用しなくてよいのは朗報ですよね。とってもラクチンです。

冒頭でもお伝えした通り、まずは、何かしら簡単なことでもいいので話せるようになることが重要です。子どもっぽい言い方は恥ずかしい、と思うのは日本人の悪いクセです。それでは、いつまで経っても話せるようにはなりません。

こういったずる賢い技も使いながら、どんどん会話ができるようになっていきましょう。
では、私から4つのお得な動詞リストをプレゼントします。

QUERER + 動詞の原形（〜したい）.
TENER que + 動詞の原形（〜しなくてはいけない）.
Me gusta + 動詞の原形（〜が好き）.
IR a + 動詞の原形（〜をする予定）

これら疑問詞の後ろには、動詞がきます。

初心者のうちは、なかなか疑問文をスムーズに組み立てられないと思います。それでも問題ナシです。この疑問詞だけで話してもかまいません。ぜひ、たくさん質問をしてみてくださいね。

Cuándo
(いつ?)

Cómo
(どのように?)

Cuánto
(いくつ?)

Por qué
(なぜ?)

WEEK 10

質問名人への道

会話をするうえで欠かせないのが質問です。

たくさんの人が、話そうと努力しています。しかし、私がオススメするのは、質問をする、すなわち、相手の話を聞くことです。

ネイティブスピーカーにとって、スペイン語学習者のたどたどしいスペイン語を聞くことは、実はちょっと大変だったりします。でも、たくさんの人が話を聞こうとしてくれますよね？　ぜひ、身近にお友達やパートナーがいる方は、感謝してくださいね。

アナタも、目の前に片言の日本語を話す外国の人がいれば、聞いてあげたくなるでしょう。でも、正直なところ、数時間聞き続けるのは、恋人でもない限り難しいと思います。とはいえ、会話はやはり実践で鍛えていくものですから、話すチャンスは逃したくないですよね。

そんな時にオススメなのが、相手の話を聞くことです。

話を聞いてくれる人には好意を持つのが人間です。まずはお友達になるために、積極的に質問をしていきましょう。相手のスペイン語をしっかり聞いて、表現を盗むことも忘れないでくださいね。

質問名人になるための必殺技は、疑問詞です。

Qué（何？）

Quién（誰？）

Cuál（どれ？）

Dónde（どこ？）

 el empleado la empleada	 el vendedor la vendedora	 el cocinero la cocinera	 el camarero la camarera	 el arquitecto la arquitecta
 el/la policía	 el/la periodista	 el/la piloto	 el/la pediatra	 el/la dentista
 el médico la médica	 el cirujano la cirujana	 la puericultora	 el enfermero la enfermera	 el bombero la bombera
 el ingeniero la ingeniera	 el veterinario la veterinaria	 el obrero la obrera	 el albañil	 el electricista
 el mecánico	 el juez la jueza	 el abogado la abogada	 el azafato la azafata	 el peluquero la peluquera

例えば、上の図の、右端の上から2番目の歯医者さんは男性でも女性でも

Soy dentista.と言います。

このように、変わらない名詞も存在します。

初めからすべてを覚えることはできませんので、まずは、アナタの職業名から覚えてみてください。

WEEK 11

SERとESTAR ❶

スペイン語のBE動詞は、**SER** と **ESTAR** の、2つがあります。
今日は、**SER**について学びましょう。
まずは活用からです。

SER	
(yo) soy	私
(tú) eres	君
(él) es	él彼・ella彼女・ustedあなた(丁寧)
(nosotros) somos	私たち
(vosotros) sois	おまえたち(スペインのみで使用します)
(ellos) son	ellos彼ら・ellas彼女たち、ustedesあなたたち

ちなみに、アナタのお仕事は何ですか?

スペイン語で職業をいう時には、男性と女性で、単語が違います。

例えば、先生をしている方であれば、

男性 Soy profesor. **女性** Soy profesora.

となります。

スペイン語は、性別をハッキリさせたい言語だということがわかりますね。
ただ、すべてに男女の違いがあるかというと、そうでもありません。

さてみなさん、WEEK1でお伝えした

A ¡Hola! ¿Cómo estás?
元気？

Estoy bien, gracias. ¿Y tú? B
とても元気よ、ありがとう。あなたは？

A Estoy muy bien también, gracias.
私も元気よ、ありがとう

という表現を覚えていますか？

ここには、**ESTAR** が使われていますね！

図らずも、あなたはすでに **ESTAR** を使いこなしていたのです。素晴らしいですね。ESTAR動詞とか、活用のルールだとかを知らなくても、音で覚えてしまうということを体験していただきました。

学習初期の頃は、いろいろ疑問が多いと思いますが、徐々に謎は解けていくので、気楽に続けていきましょうね。

さて、次回はついに最終回！　世界に1つだけの、アナタの自己紹介を作りますよ。
楽しみにしていてくださいね。

WEEK 12

SERとESTAR ❷

スペイン語のBE動詞の1つ、**ESTAR** について学びましょう。
まずは活用からです。

ESTAR	
(yo) estoy	私
(tú) estás	君
(él) está	él彼・ella彼女・ustedあなた(丁寧)
(nosotros) estamos	私たち
(vosotros) estáis	おまえたち(スペインのみで使用します)
(ellos) están	ellos彼ら・ellas彼女たち、ustedesあなたたち

なぜ2つあるの？　と思っていらっしゃる方も多いと思うので、簡単にご説明しておきましょう。基本的に、**SER** は、変わらないもの、そして **ESTAR** は、一時的な状況を表す時につかいます。ちょっとした例外もありますが、まずはここを押さえておきましょう。

例えば、性格は基本的に変わらないのでSERを使い、感情や気分はコロコロ変わるので **ESTAR** を使います。

では、いよいよアナタの自己紹介を完成させましょう。

Me llamo（名前）.
Soy (japonés / japonesa)（国籍）.
Soy（職業名）.
Soy（性格）
Me gusta + 動詞の原形（好きな事）.
No me gusta + 動詞の原形（好きではないこと）.

私の自己紹介です。よろしければ、参考にしてください。

Me llamo Emiko.
私の名前はえみこです

Soy japonesa.
私は日本人です

Soy profesora de español.
私はスペイン語講師です

Soy trabajadora, sociable y alegre.
私は働き者で社交的で明るいです

Me gusta cocinar, leer y bailar.
私はお料理、読書と踊ることがすきです

No me gusta correr.
私は走ることが好きではありません

3カ月間お疲れ様でした。

ここまで続けてきたアナタ自身をしっかり褒めてあげてくださいね。

スペイン語を通して世界とつながり、新しい世界が広がっていくことでしょう。ラクな道のりではありませんが、必ず上達していきますので、信じて続けてくださいね。心から応援しています。

ありがとうございました。

最終回

世界に1つだけの自己紹介

自己紹介を作る前に、性格を表す形容詞をいくつかお伝えしますね。
これらの形容詞も、男性形と女性形で分かれているものがあります。

inteligente	頭が良い
sociable	社交的な
independiente	自立している
valiente	勇敢な
amable	親切な
responsable	責任感がある
trabajador（男性） **trabajadora（女性）**	働き者な
alegre	明るい
honesto（男性） **honesta（女性）**	正直な

性格は変わらないものなので、**SER** を使うと、WEEK12でお伝えしました。さて、**SER** の **YO**（一人称）の活用は覚えていますか？

Yo soy ですよね。
Soy inteligente のように、**SOY** の後に、みなさんの性格を表す形容詞をつけて話してください。

えみこ　プロスペイン語講師

試験対策講座受講生の合格率95%超「DELE対策の専門家」。話せるようになる夢を叶える、プロスペイン語講師として活躍。ペルー在住7年。DELE C1保持。TOEIC 920点。純日本人トリリンガル。YouTubeチャンネル登録者数6500人超。20人以上のネイティブ講師の教授法を徹底研究し、日本人向けにアレンジした手法は「わかりやすい」と評判。わずか3年間で日本全国・海外18カ国に住む400名以上を指導。ゼロから習得した経験をもとに体系化した独自プログラムは、幅広い層に支持されている。自己実現したい日本在住スペイン語学習者や中南米駐在員に、えみこ流ちょっと変わった文法講義をはじめとした、スペイン語マインドをインストールするコーチングを行い、劇的な成果を出している。

You Tubeチャンネル
「えみこのスペイン語コーチング」

Twitter

Facebook

装丁・本文デザイン／野口佳大
装画・本文イラスト／神山奈緒子
巻末ページイラスト／佐藤右志
組版／米村　緑（アジュール）
校正／永森加寿子
編集／坂本京子　田谷裕章

ゼロからでも、誰でも、何歳からでも大丈夫！
人生を変える！　スペイン語講座

初版1刷発行　●2023年4月24日

著　者　えみこ
発行者　小田実紀
発行所　株式会社Clover出版
〒101-0051　東京都千代田区神田神保町3丁目27番地8 三輪ビル5階
TEL 03-6910-0605
FAX 03-6910-0606
https://cloverpub.jp
印刷所　日経印刷株式会社

ISBN978-4-86734-139-1 C0087